理事長序

素養是融會貫通的進階活用能力

　　「十二年國民基本教育課程綱要」（簡稱108課綱）於2019年8月起在國小一年級、國中七年級、高中職一年級逐年開展實施。此新課綱將為臺灣國民教育帶來新面貌，透過每校每班每領域／科目的課程與教學，均可能為孩子們帶來新體驗，朝著「適性揚才‧終身學習‧成就每一個孩子」的願景邁進。

　　108課綱的特色有五：素養導向、連貫統整、多元適性、彈性活力、配套整合。其中最受人矚目的特色無疑是「素養導向」，「素養」除學科素養外，更強調「核心素養」──包括「自主行動」、「溝通互動」、「社會參與」三大面向，進而再細分為九項目。

　　何謂素養？一言以蔽之，素養是融會貫通的進階活用能力（此能力係廣義的能力，包括知識、技能與情意）。之所以說是「進階能力」，乃相對於九年一貫課程（簡稱「九貫課程」）強調的十大「基本能力」而言，108課綱並非與九貫課程完全不同的嶄新變革，兩者均強調透過連貫統整的課程培養活能力（而非死知識），從九貫的基本能力培養，而延續到十二年國教課綱的進階能力培養。之所以說是「活用能力」，乃因素養強調的能力，是要能運用在現代生活與未來挑戰的，因此如何將教材與學材予以生活化、脈絡化，便成為課程發展與教學設計

的重點。之所以說是「融會貫通」，是指學生學習的方法不應是機械式地死背硬記，而應該是有機式的領會理解，老師們以活化的、適性的教學，點燃孩子自發的學習熱情，鼓勵自主探索、互動互惠，創發共生智慧。整體而言，108課綱是基於有機的（organic）、整全的（holistic）課程觀；而素養導向則是落實這種有機課程觀所標舉的前導目標，108課綱的課程發展者與教學設計者正朝此目標大步前進。

「中華民國課程與教學學會」於1996年成立，這是一個掌握時代脈動，引領課程學術發展，並推動課程改革的團體。學會創始人黃政傑教授有感於1987年臺灣解嚴後，政治自由化的大門開啟，教育自由化的步伐也應大幅邁開；而課程與教學居於教育活動之核心，實可謂「改革的重中之重」，亟需集結有志者齊心齊力，推動課程與教學的革新。黃教授遂邀集國內課程教學界學者專家與博碩士生，創設本學會。二十餘年來，歷任理事長：黃政傑校長、歐用生校長、李隆盛校長、黃秀霜校長，帶領學會理監事與會員，積極參與歷次課綱研發、審議、推動與落實。此外，本學會每年定期發行《課程與教學季刊》（TSSCI刊物），甄選與頒發博碩士論文獎，每年推動一至兩次論壇。再者，每年均出版年度專書，希望教育革新的核心——課程與教學，能持續成為探究焦點，以止於至善的理念，帶動教育的日新又新，終能嘉惠莘莘學子。

2017年度專書由本學會祕書長林永豐教授惠允擔任主編，選定當紅的主題「邁向素養導向的課程與教學」進行徵文，並經嚴格審查而集結成書，值此108課綱即將實施之際完稿出版，確實是嘉惠全國中小學師生的大功德。

本人樂見有價值的好書即將面市，故樂為之序，亦藉此感謝成就此書的所有耕耘者。首先感謝林永豐教授承接主編之職妥善擘劃與執行，曾子旂助理全力協助，還要感謝作者們和審者們的悉心投入。而本書繼續由本學會長期合作夥伴五南圖書出版公司出版，特致上最高敬

意，尤其是陳念祖前副總編輯、黃文瓊副總編輯與李敏華編輯對本學會
各種出版書刊的專業投入，更令人動容與感激。而本學會理監事對本書
題目的規劃，以及祕書處同仁全力配合執行，在此亦致以誠摯謝忱。有
了您們的辛勞耕耘，十二年國教的課程發展與教學創新將有更好的前
景，臺灣中小學教室裡將有更美的景緻。讓我們為培育自發、互動、共
好的新世代而齊心努力！

中華民國課程與教學學會 理事長
臺北市立大學學習與媒材設計系 教授

張芬芬 謹識

主編序

　　民國103年公布的十二年國民基本教育課程綱要總綱，首次將素養導向列為本次課程改革的重要主軸，並明列核心素養作為各教育階段、各領域科目共同的課程目標。因此，新課綱自108學年度起逐年實施後，素養導向將成為中小學課程、教學與評鑑實施的重要理念與原則。

　　為了順利推動新課綱的素養理念，近幾年來各界對於素養概念的詮釋與理解、如何進行融入素養的課程教學轉化與落實、教師如何養成設計素養課程的能力……在在都成為各界關注的焦點。不僅是各級教育行政機關推動新課綱的重點，也是各級學校進行新課綱準備的重心。

　　本書以「邁向素養導向的課程教學改革」為題，共收錄10篇文稿，其中9篇均經學術同儕匿名雙審；另也特別感謝教育部數學學科中心電子報之同意，轉刊單維彰教授之鴻文：〈論素養評量——以中學數學為例〉，特此感謝。

　　本書首先關注素養概念的釐清，有數篇論文從不同角度的精彩論述。其中〈素養概念的不同內涵與特色〉一文探討了近年來常見六種不同的素養概念，由於其內涵的不同，使得其衍生的課程、教學與評量的概念也非常不同，值得留意。〈有關十二年國教素養導向教學的常見觀

念迷思〉一文則從各種課程推廣的經驗中，匯集並探討了有關素養概念的各種迷思，有助於把握並轉化新課綱的素養理念。〈發展深度學習的素養導向教學〉一文，則從「深度學習」的概念，來論述素養導向教學，期待深化並豐富「素養導向」的意涵，也彰顯了新課綱強調的學習者中心理念。

　　新課綱強調校本課程的落實，因此，素養導向也必須展現於學校層級的課程實踐上。本書中有三篇論文便以此作為探討的範疇。〈素養導向學習的實踐——學校層級的運作〉一文聚焦於討論學校推展素養的改革因素、挑戰與因應；〈我來・我見・我思：以素養為導向的課程發展與教學設計〉一文則深入探討了兩個學校中優質的教學設計案例；而〈總綱核心素養「多元文化與國際理解」之轉化實踐：以花東前導學校為例〉一文，則以個案學校在地文化與課程發展之轉化經驗，進行素養導向的校本課程之省思。

　　素養導向的課程教學也展現在特定的主題或學科設計上，本書中四篇論文便針對生態智慧素養、海洋素養、數學素養等有精闢深入的探討。這幾篇論文分別是：〈素養導向的課程教學改革探討：生態智慧素養的啟發〉、〈十二年國教的海洋素養與師資培育〉、〈從知、行、識架構討論數學素養導向教學的理論與實踐〉。最後，〈論素養評量——以中學數學為例〉一文，則具體地說明數學素養的內涵及其評量，並討論許多實例，非常值得一讀。

中華民國課程與教學學會 祕書長
國立中正大學師資培育中心 教授

林永豐 謹識

目次

（感謝教育部數學學科中心電子報同意刊載）

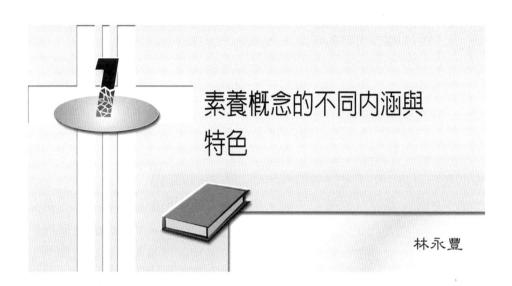

素養概念的不同內涵與特色

林永豐

　　十二年國民基本教育課程綱要總綱（以下簡稱「新課綱」）（教育部，2014）自其研修階段開始，即高舉「素養導向」是重要的研修原則之一，且新課綱發布之後，「核心素養」也正式納入，成為重要的課程目標。

　　然而，對素養一詞的理解，並未因新課綱的發布而更聚焦，反而因不同的詮釋角度，而對素養概念及其內涵有非常不一樣的見解。正由於這些不同的解釋，使得在理解素養或核心素養時，容易受到混淆，不易釐清。再者，作為一個課程與教學的概念，素養總是需要在教學實務現場中實踐，而不同的素養概念，當然會導向不同的實踐方式與策略。尤其，課程與教學總是涉及評量如何實施。但要問素養如何評量，則更需要釐清：素養的內涵究係為何？而不同的內涵又該如何評量？

　　本文旨在討論釐清不同素養概念的內涵，並藉此來聚焦新課綱所欲強調的素養與核心素養的概念。下文中，先依序討論不同的素養概念，再予綜合評析，最後提出新課綱中有關素養導向的理解重點。

壹 素養的不同概念

理解素養一詞的重要方式之一，乃是從其語意著手。中文的脈絡中，與素養一詞相近的概念，包括能力、知能等。而在英文的脈絡中，與素養或能力一詞相關的概念卻多得多，有可能指涉literacy、competence、competency、ability、skills等等。這些英文語詞，本就有廣義與狹義之分，又隨著時代不同而有不同的內涵，更增加理解上的混淆。因此，中文「素養」一詞，無法過度簡化地直接對應前述的英文用詞之一，在使用上應更為謹慎（林永豐，2015）。這些因素都使得素養一詞的中英文翻譯，變得較為複雜，不易精確地掌握其意義內涵。下文中依序討論六類不同重點的素養概念。

一 素養是指一種具有文化涵養的境界

在一般中文語彙的使用上，素養常指一個人的修為或內涵達到了一定的文化涵養境界。而素養與能力是兩個非常不同的概念，兩者不至於混淆。比如說，我們不會因為一個人會打電腦，就說他具有素養。我們也不會說，會煮一桌好菜的人是有素養的。

傳統中文文獻中，有許多提到素養的概念。如，《辭海》中對「素養」的解釋是：「謂平日之修養也。《漢書·李尋傳》：『馬不伏櫪，不可以趨道；士不素養，不可以重國。』」（辭海，1985）從這個角度來理解素養，語意上比較接近涵養、素質、見識、洞識、學識、膽識、覺識等相似的概念。宋文里（2012）認為「『養』……是帶有儒釋道傳統中共同講究的『養心修身』之道的意謂。無論是從『敬以養心』、『誠意正心』或是『靜坐無慮』、『心知神明』等等，說明了我們的知識傳統有某種關於『養』的遺產，而這絕非透過常識即可得知。」

可見，中文的素養一詞，比較接近日本教育思想中所稱的「教養」；或西方教育傳統中所講的通識教育（general education）或

博雅教育（liberal education）的概念。「所謂的博雅學習（liberal learning），不只是要從此時此地所關注的事物，亦要從對特定事情的立即關注中「解放」出來……因為，真正的學習是學生必須與文化「相遇（encounter），參與文化互動的過程（方永泉，2012：10）。」而由於上述概念都不容易找到適當的英文字詞來涵蓋，因此，亦曾有人建議，應將素養導向中的「素養」一詞，直接音譯為Sue-yang。

　　素養若是指上述的文化概念，理應處於課綱架構中的最上位，亦即，課程教學的各種教育作為，都是為了這個最宏觀、最根本的教育宗旨之養成。以我國為例，應該是指國民教育法中的「德、智、體、群、美」或是新課綱中的「自發、互動、共好」等表述（教育部，2014），而非置於基本理念、課程目標之後的三面九項核心素養；再以香港為例，具備文化文化內涵的課程理念，則表述為七個學習宗旨（包含健康生活方式、廣闊的知識、學習技能、語言技能、閱讀習慣、國民身分認同、責任感）（Curriculum Development Council, Hong Kong, 2014）；中國大陸學者（林崇德，2016；劉堅、魏銳等，2016；北京師範大學，2016）等所提出之「中國學生發展核心素養」，也是此一文化觀，包括了文化基礎、自主發展、社會參與三個方面，綜合表現為人文底蘊、科學精神、學會學習、健康生活、責任擔當、實踐創新六大素養。而新加坡則表述為四個可欲的學習結果（desired outcomes），包括自主的學習者、主動的貢獻者、關懷的公民、自信的個人（Pei-Ling Tan, J., Koh, E., Chan, M., Costes-Onishi, P., & Hung, D., 2017）。

二　素養是指具有專業領域的專業知能

　　素養一詞也常用以解釋各專業領域的專業知能。例如，我國於2007至2010年度所推動的「通識教育中程綱要計畫」中提到：「新世紀的大學教育，應以鍛造學生核心能力為要務；鍛造學生核心能力，應以通識教育為核心機制，此一核心機制的成敗，最終將決定我國於這個複雜多變世界中的整體國力及國家競爭力。」但此一論述中的「核心能力」，又往往被批評為是一種狹義的、實用的能力觀。例如，方永泉

（2012：10）提到：

> 通識教育之所以突顯「能力」一詞，主要在強調其所具有的「實用」意涵——它代表了實際解決問題以及從事職業的能力，甚至還決定了整體的國家競爭力量。此外，尚有一個隱而未顯的涵義，亦即「能力」所強調的是一種「外在的」行為表現，它不僅是「可操作的」行為，更是「可測量的」表現指標，是以重視「能力指標」的繕寫，實際有益於相關單位評鑑的執行（頁10）。

自2011年起，我國各大學開始第二輪的校務評鑑，強調「學生學習成效」，督促學校在「輸入、過程、產出」三個不同歷程，建立確保學生學習成效達成的機制，其中的評鑑項目也以核心能力為軸心（李坤崇，2011b）。繼之，教育部在補助獎勵大學教學卓越計畫的申請資格上，明文規定要發展全校性的學生核心能力指標，並具備強化學生就業競爭力的具體措施（教育部補助獎勵大學教學卓越計畫及區域教學資源中心計畫實施要點，2012）。上述，所謂大學生的核心能力（core competence）係指學生在大學求學期間所需習得之能力，不過國內各單位對於大學生所應獲得學習能力的用詞不一，常用者為基本素養、基本能力及核心能力（李坤崇，2011a）。

由於前述教育政策的要求，各大學紛紛制訂各系所的基本素養或核心能力。例如：慈濟技術學院制訂了「護理專業八大核心素養」，包括：批判性思考、一般性臨床護理能力、基礎生物醫學科學、溝通與合作、關愛、倫理素養、克盡職責、終身學習等。又如，素養也用以指教師專業的內涵。例如：劉驥（2017）稱之為「教師教育者『核心素養』」，其內涵包括：溝通與互動、示範與診斷、省思與創新、專業自主發展。

在歐盟（European Commission, 2013）所公布的資料，教師素養（teacher competences）指的就是「教師專業（teacher professionalism），是以一種廣泛的、系統的觀點，來看待不同層次的個人、學校、社區與專業社群網絡」。這樣的專業讓教師可以善用情境中的各種心理或社會資源，以因應教育現場複雜的要求，適切而一致地進行各種教學活動。我國教育部（2016）公布的「中華民國教師專業標準指引」，指出我國理想教師圖像以「師道、責任、精緻、永續」為核心價值，兼備「教育愛人師、專業力經師、執行力良師」為目標。又據此進一步發展了10項專業標準與29條專業表現指標。復於2018年公布了「中華民國教師專業素養指引──師資職前教育階段暨師資職前教育課程基準」（教育部，2018），其中就明確指出：「……教師專業素養，係指一位教師勝任其教學工作，符應教育需求，在博雅知識基礎上應具備任教學科專門知識、教育專業知能、實踐能力與專業態度。」而上述概念，就具體地呈現在5項教師專業素養與17項教師專業素養指標。其中所指的5項專業素養，表述如下：

1. 了解教育發展的理念與實務；
2. 了解並尊重學習者的發展與學習需求；
3. 規劃適切的課程、教學及多元評量；
4. 建立正向學習環境並適性輔導；
5. 認同並實踐教師專業倫理。

上述意指專業領域能力的素養觀，有兩個基本特徵：第一，這類的素養概念，顯然與各專業領域有關，不同的領域，就會有其不同內涵的專業能力或專業素養；第二，這類素養指的是分殊領域的專業範疇，但中小學課綱中所提的核心素養，構思的乃是未來年輕人的圖像，兩者所論述的範疇是不同的。以前述的教師素養為例，不管是「教師專業指標」或「教師素養指標」均與新課綱中三面九項核心素養並不具備任何邏輯推衍的直接關係。

三 素養被視為狹義的操作的行業職能

英文competence/y一詞，狹義常用以指涉具體的、操作性的技能，

或被理解為泛指各種工作職業所需的能力，例如：1990年代初期英國盛行的能力本位評量（competence-based assessment）就強調，所有公共服務，如醫療、教育、社福等的品質，應該能夠用明確可測量的能力來衡量，而這些職場上的能力（on-the-job competence），即是教育或訓練方案所應明確界定的。因此，素養就會被理解為是各行職業的「職能」，特別是被視為是一個相對於通識／普通／或博雅教育的概念，或甚至窄化為一個強調行為主義的概念。

　　儘管如此，「職能」一詞在職業教育領域的理解與使用並未如前所述般狹隘。例如，美國心理學家David C. McClelland（1984）強調，一個人的工作能力（job competencies）並非由智力而是能力來決定，應去探討與之相關的態度、認知、個人特質等等因素。Spencer和Spencer（1993）則根據佛洛伊德的「冰山原理」在1993年提出了「冰山模型」的概念，認為職能是指一個人所具有的外顯特質與內隱特質的總合。其將職能區分為五大基本特質，如圖1所示：

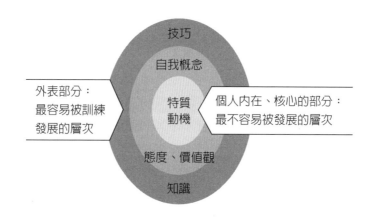

圖1　職能五大特質

資料來源：Spencer and Spencer (1993). *Competence at Work: Models for Superior Performance*. New York: John Wiley and Sons.

　　我國104測評銀行（2017）針對國內企業之實際需求，經市場調查選出企業需求度最高的45項職能（competency），採情境判斷測驗

（Situational Judgment Test, SJT）的編題方式，依據各項職能的定義及關鍵行為編製成職能行為量表，可據以了解受測者在各項職能上的表現。職能行為量表包括45項職能行為向度，包括：追求卓越、品質導向、認真負責、主動積極、團隊合作、執行力、持續改善、溝通協調、創新管理、願景領導、關懷同理、衝突處理、協商談判……。

上述職能的概念顯然非常多元，可以想見的是，不同行職業也會需要其員工具備不同的能力或素養。又，隨著科技的進步與職業轉型，不同行業所要求的職能當然也會隨之不同。即便是職能不僅指外顯的、操作性的能力，往往也包括了某些內在的特質、態度或價值觀，因而是一種更為廣泛地、一般性地對工作世界的能力／素養要求。

四 素養是指知識、技能、情意的統整

素養常被強調是一個廣義的、統整的概念，尤其是包含了知識、技能、情意或態度等元素。在OECD的許多文獻中，都可以發現這樣一個統整取向的素養觀。例如：

> 素養（competency）包含了隱性與顯性的知識（knowledge）、認知的或實際的技能（skills），以及各種性格（動機、信念、價值、情緒等）（Rychen & Salganik, 2003）。

> 素養不只是知識（knowledge）與技能（skills）。素養乃是指能夠因應複雜的要求，要能在某個特定的脈絡下，參照並運用各種能力（包括技能與態度）。例如：能夠有效地溝通的能力（the ability of communicate effectively），乃指能夠依據個人對於語言的知識（knowledge）、各種運用IT的能力（skills），以及對於溝通對象的態度（attitudes）（OECD, 2005: 4）。

值得注意的是，不同素養概念中所包含的知識、技能與態度都各有重點。在歐盟（European Commission, 2013）所討論的教師素養（teacher competency），也進一步將其分爲包括下列三個面向的內涵：

1. 知識與理解：學科知識、教學知識、課程知識、有關包容與多元的議題、在教學中有效地使用科技……

2. 技能：有關教學的各種計畫經營與協調、善用教學材料與科技、有關學生與團體的經營、有關教學目標的掌握、調整與評量、蒐集分析與解釋資料……

3. 特質：信念、態度、價值、承諾……，例如：能夠保有彈性、願意改變、持續地學習等，能夠致力並投入教學，具有批判性的態度，能與人協調，樂於從事團隊合作……

而OECD（2009, 2018a）於2018年施測的全球素養（global competence/y）爲例，其內涵不止知識，還包括了技能、態度與價值，包括：

1. 技能：與他人互動時，能夠尊重、適切並有效率，有同理心，有彈性。

2. 知識與理解：了解全球議題、跨文化的知識或理解。

3. 態度：對來自不同文化的人們能持開放的態度、尊重不同的文化、具有關懷全球的責任感。

4. 價值（value）：重視人類的尊嚴、重視文化的多樣性。

再以OECD正在規劃中的「2030年教育之學習架構」（Education 2030 Learning Framework）爲例，未來2030年幸福社會中的年輕人圖像，乃是一個能具備「轉化型素養」（transformative competencies）的人，以便能夠創造價值、承擔責任，以及調和壓力與困境。這樣的願景需要以三個重要範疇爲基礎，包括知識、技能、態度與價值等多元內涵，再透過行動來加以實踐（OECE, 2018b）。詳如圖2：

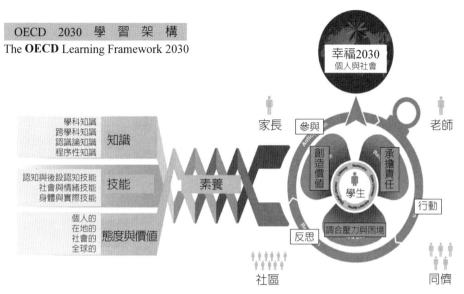

圖2　OECD 2030年教育之學習架構

資料來源：OECD (2018b). *The Future of Education and Skills: Education 2030*. Paris: OECD, p.4.

　　在我國新課綱（教育部，2014）中，對於核心素養的理解也是採取一種統整性的素養觀。其定義引述如下：

> 「核心素養」是指一個人為適應現在生活及面對未來挑戰，所應具備的知識、能力與態度。「核心素養」強調學習不宜以學科知識及技能為限，而應關注學習與生活的結合，透過實踐力行而彰顯學習者的全人發展（教育部，2014: 2-3）。

　　從上述的說明可歸納三個重點：

　　第一，素養顯然是一個廣義的概念，絕對不是狹義的技能，不是僅止於指涉具體的、操作性的動作能力，而是一個廣義的、涵蓋知識、技能、情意或態度的統整性概念。

　　第二，將素養視為一個統整知識、技能與態度的概念，和前述強調

專業知能的素養觀有密切相關。亦即，在不同專業領域中所談的「專業素養」，往往即指該專業領域中相關知識、技能與態度的一種綜合性、統整性的知能。

第三，核心素養具備素養的概念，所以，當然是個綜合知識、技能與情意或態度的概念，不過，素養的項目很多，而核心素養之所以稱為核心素養，不是泛指一般的素養，而更是指那些較為關鍵的、重要的、核心的素養。至於哪些素養將被視為是核心素養，就有待進一步選擇與界定了。

五　素養是指強調脈絡化的功能性知能

素養也常用以理解英文literacy這個字，尤其在「國際學生能力評量計畫」（Programme for International Student Assessment，簡稱PISA測驗）所關心的三個重點，就是學生的閱讀素養（reading literacy）、數學素養（mathematics literacy）及科學素養（science literacy）。

PISA測驗是由「經濟合作暨發展組織」（Organization for Economic Co-operation and Development，簡稱OECD）主導的，評量的內容主要涵蓋三個不同領域，以期測量學生在閱讀、數學與科學方面的知能。而這些PISA測驗中的素養指的是「15歲學童所需足以主動參與社會所需的**功能性知識或技能（functional knowledge and skills）**」（OECD, 2013: 17），亦即，學生所學的知識或能力，不只是本身具有價值，而且要能發揮「功能」，以有助於學生得以主動參與社會。

以語文素養為例，「一個具備『功能性語文素養』的人，乃能夠參與需要語文的各種活動，以便能在群體中有效地發揮功能」（UNESCO, 2005: 154）。舉例而言，在我們所處複雜而多元的社會中，有許多情況下都會需要能使用語文。一個人即便飽讀詩書，倘若在需要用語文進行表達，或是理解他人以溝通時，仍發現有其困難，那麼這個人的「語文素養」仍是不足的。

由上可知，PISA測驗所理解的素養是一種「功能性知能」

（functional literacy）概念，是因應實際情境脈絡需要，而能發揮閱讀／數學／科學能力的意思。大多數從學科角度來談素養的論述，也是指這種強調功能性、脈絡化的概念，如某某領域／學科素養、學科核心素養等。

　　素養需要在脈絡中展現，也因此需得釐清這些素養會與什麼樣的情境脈絡有關，而這些情境脈絡有什麼內涵？又需要展現哪些能力。以OECD（2009, 2010）的閱讀、數學與科學素養為例，不同素養所相應的脈絡與內涵可歸納彙整如下（表1）：

表1　素養之情境脈絡內涵及其涉及的重要能力

	情境／脈絡	與情境有關的內涵	所欲培養的歷程或能力
閱讀素養	1. 個人用途的小說、書信、傳記、散文 2. 公共用途的官方文件或聲明 3. 職業用途的手冊或報告 4. 教育用途的教科書、學習手冊等	**文本形式** 1. 連續文本（敘事文、記敘文、說明文、論述文與說明、指南或忠告） 2. 非連續性文本（圖表與圖形、表格、圖解、地圖、表單、廣告）	**閱讀歷程** 1. 擷取與檢索 2. 統整與解釋 3. 省思與評鑑
數學素養	1. 個人 2. 職業 3. 社會 4. 科學	**數學內容** 1. 數量 2. 空間與形狀 3. 改變與關係 4. 不確定性	**數學歷程** 1. 形成數學情境 2. 應用數學概念 3. 詮釋應用及評鑑數學結果
科學素養	1. 個人（個人、家庭與同儕） 2. 社會（社群） 3. 全球（世界生活）	**科學知識** 1. 科學內容知識 2. 科學本質	**科學的能力** 1. 辨識科學議題 2. 解釋科學現象 3. 運用科學證據

資料來源：OECD（2009, 2010）

　　上述PISA測驗的素養觀對各國教育的影響很大，也因此促發了許多課程與教學的改革。尤其，從「功能性素養」的角度來看，過去強調

學科內容爲教學重點的取向是不足的。因爲，所學的知識內容固然重要，若無法在適當的情境脈絡中展現或應用出來也是枉然。課程與教學因此不能只偏重內容的學習，而要將知識內容與其所涉及的情境加以連結。若從Anderson和Krathwohl（2001）所提出的認知歷程層次來分析，亦即知識的學習不能只是「記憶、理解」，而更重要能在適當的情境脈絡中展現出「應用、分析、評鑑、創造」的能力。

六　素養是指強調跨領域的共通性知能

1990年代以來，愈來愈多的國際組織強調一種共通性、跨領域的素養概念，尤其是指所謂的共通性知能（generic skills）。此一思路強調：傳統教育過於重視學科內的知識與能力，但社會的快速變遷卻愈來愈突顯許多「非特定學科的（subject-independent）、跨界的（transversal）能力」之重要性，如溝通、問題解決、推理、創意、團隊合作等。

早在1990年初的澳洲關鍵能力改革中，梅耶報告（Mayer Report）即指出七項重要的關鍵能力（key competencies）：即蒐集、分析與組織資訊、溝通觀念與資訊、規劃並組織活動、與他人或團隊合作、利用數學概念與技術、解決問題、使用科技等（Mayer, 1992；林永豐，2014）。報告中提到：

> 關鍵能力乃是指有效地參與各種工作形態與工作組織的重要能力。其重點在於能夠將知識與技能應用並融入於工作情境之中。關鍵能力具有共通性（generic）的特質，可以普遍地應用在各種情境，而不只是專屬於某一類工作或行業（Mayer, 1992: ix）。

上述這些關鍵能力「不只是技能（skill），也包括知識與理解，更包括能夠（ability）應用到各種不同的脈絡，以及能夠（capacity）將

知識轉化爲新的任務與情境」（Mayer, 1992: ix）。可見，澳洲所謂的關鍵能力在性質上更接近一種普通教育，或共通性知能，是「將普通教育融入工作」（Mayer, 1992: vii）。

歐盟（European Union, 2002）與OECD（2005）等國際組織則認爲：共通性知能不是只屬於某一個特定的知識或職業領域，而是這些不同領域都會需要的。以問題解決爲例，不僅醫生需要問題解決的能力，其他水電工、教師、廚師同樣需要問題解決的能力，雖然所要解決的問題不太相同，但問題解決這個能力卻是這許多不同領域從業人員所均需具備的。

共通性知能的素養觀在快速變遷的社會中益發被突顯與重視，被視爲是終身學習的要項。歐盟執委會（European Commission, 2002: 15）即強調：「共通性知能在終身學習的脈絡下益顯重要，因爲經濟、政治、社會環境不斷變化，個人有必要更新其基本知能以因應新的要求。」所指出的核心素養（key competencies），包括下列八項基本能力領域（fields of basic skills），即母語溝通、外語溝通、資訊與溝通科技、算數及數學、科學、科技、企業精神、人際與公民能力、學會學習、一般文化等。

劉堅、魏銳等（2016）在WIES的研究報告中，針對5個國際組織與24個國家或地區所提出的各項核心素養項目進行分析整理，進而歸納出「領域素養」與「通用素養」兩個維度（如表2）。其中，領域素養呼應前述「功能性知能」的概念，是PISA測驗中主要的評量項目；而通用素養涵蓋高階認知、個人成長與社會性發展等能力，指的正是「通用性知能」，具有跨學科、跨領域的特性。

表2　素養的維度項目及其內涵

維度	素養	
領域素養	基礎領域素養	語言素養、數學素養、科技素養
	新興領域素養	信息素養、環境素養、財商素養

維度		素養
通用素養	高階認知	批判性思維、創造性與問題解決、學會學習與終身學習
	個人成長	自我認識與自我調控、人生規則與幸福生活
	社會性發展	溝通與合作、領導力、跨文化與國際理解、公民責任與社會參與

資料來源：劉堅、魏銳等（2016）。*面向未來的教育：培養21世紀核心素養的全球經驗*，p.33。（WISE研究報告）

歸納上述所論可以彰顯下列兩個重點：

首先，強調通用性知能的素養觀指的是面對未來變遷社會所需要的跨領域能力，如問題解決、團隊合作、規劃創新等素養在未來社會中變得愈來愈不可或缺。亦即，通用性知能的素養觀強調的是一種重視未來導向的教育觀。

其次，這些素養不只具有跨學科領域的特質，也往往是統整了知識、技能與情意等。在傳統以學科內容為主的課程與教學中，著重的是分科的專精知識，相對地卻容易忽視通用性知能，因此，課程改革的重點乃是著重從一個「內容導向」轉而強調「素養導向」，亦即從「學科本位」漸而重視「跨領域知能」。

貳 不同素養概念的範疇

綜上所述，六類素養概念的類型、意義內涵及其項目舉例，可以歸納如下（表3）：

表3 素養的類型、意義內涵及其項目

素養類型	意義內涵	素養項目舉例
文化涵養	文化特質或修為	素質、見識、洞識、學識、膽識、覺識……
專業知能	專業領域的知識與能力	護理素養、教師素養……

素養類型	意義內涵	素養項目舉例
操作性職能	職能、行業特質	低階的、勞動性的職能
知能與情意	兼顧知識、技能、情意或態度的統整	溝通素養、全球素養……
功能性知能	能在適當的情境脈絡下展現知能	閱讀素養、數學素養、科學素養、金融素養……
共通性知能	能適用在不同領域的知能	問題解決、團隊合作、溝通表達、科技運用、創業精神、人際互動

　　上述六類素養的思想淵源略有不同，論述的重點也不一樣。例如：第一類強調文化涵養的素養觀強調一種較上位的人品修為，來自中文的傳統思想；相對地，第四類著重知識技能與情意的統整觀、第五類的功能性知能／素養與第六類的共通性知能／素養等則來自西方的相關論述，比較關注具體知能項目的養成。

　　不過，有些素養的概念非常接近，例如：從專業知能或行業職能這兩個觀點來詮釋素養也非常類似，都與某個專業領域有關。惟大多數的專業知能會關照到該專業所需的各種能力層次與面向，而某些行業職能的確會較偏重操作性的、具體的能力養成。又，有些行業職能特別重視某些共通性知能，如團隊合作、規劃創新、跨文化溝通等。因此，第二類與第三類素養概念的區別，主要是廣義與狹義的差別，兩個概念均指專業知能，但前者從廣義來解釋素養，認為包含認知、技能、情意；後者從狹義來解釋素養，認為素養只是一種操作性的、行為主義式的能力展現。

　　此外，第四類的統整性素養觀強調知識、技能與情意的綜合運用，但其他素養觀也同樣強調此一特質。例如，談專業素養、操作型職能等不會只著重在知識或技能面；又，所謂閱讀素養、數學素養等功能性知能，抑或是問題解決、規劃創新、團隊合作等共通性知能，也均強調素養乃是兼顧認知、技能與情意的綜合運用。可見，這類的素養概念可視為許多其他素養概念的基礎。

參　結語

綜合上述對於不同素養概念的說明，可見素養一詞的內涵可以有許多不同解釋，彼此甚至有很大差別。對於新課綱中所謂的素養導向課程與教學的理解，至少應把握以下四個重點：

(一) 新課綱中的素養導向，並非從傳統中文意義上的文化涵養素養觀來理解，而是一個強調兼顧知識、技能與情意或態度的統整性素養觀。其中又包含兩類素養概念，一個是指學科／領域的素養，如閱讀素養、數學素養等，著重的是功能性的知能；另一個則是跨領域的素養，如系統思考、問題解決、團隊合作等，著重的是通用性的知能。

(二) 受到PISA測驗的影響，「功能性知能」的概念漸漸受到重視，已納入PISA測驗的即包括閱讀、數學、科學、金融等領域，另亦常見所謂英語學科素養。學科的知識與內容依然重要，但更強調其與情境脈絡的連結。亦即，希望學生從脈絡中學習各種知能，也能將所學的知能應用到所遇到的情境脈絡中。

(三) 新課綱中三面九項核心素養體現了歐盟等國際組織的「共通性知能」概念。這些素養項目明訂於總綱與領綱之中，以期透過各階段、各領域的課程轉化來加以落實。希望在傳統所重視的各學科內容的學習之外，中小學教育也能關照到這些「跨界」、「跨領域」能力的養成。

(四) 素養的內涵不同，則評量的重點與方式自然也不一樣。傳統學科的評量重視知識面的記憶與理解，但若要兼顧認知、技能與情意三類教育目標，則顯然就需採取不同的評量策略。此外，功能性素養的評量則更為重視是否能在適當的情境脈絡中應用所學。例如：PISA測驗的特色之一，往往會利用較長的題幹來連結一個情境脈絡；至於通用性知能因為是知識、技能與情意的綜合展現，不容易進行客觀的評量，則較著重形成性的、多元面向的回饋。

參考文獻

104測評銀行（2017）。職能行為量表。107年6月23日下載自https://assessment.104.com.tw/paper/competency/index.jsp

PISA 閱讀測驗應試指南。臺灣PISA國家研究中心，頁3。

方永泉（2012）。能力乎？素養乎？──通識教育目標再思。通識教育在線，**42**，9-10。

北京師範大學（2016）。《中國學生發展核心素養》整體框架正式發布。北京師範大學：未來教育高精尖創新中心。2017年3月25日下載自http://aic-fe.bnu.edu.cn/xwdt/skxx/17740.html

宋文里（2012）。常識與知識：素養與能力的辯證問題。通識教育在線，**42**，14-16。

李坤崇（2011a）。大學核心能力意涵及其建置。教育研究月刊，**211**，114-126。

李坤崇（2011b）。成果導向的大學校務與課程評鑑。教育研究月刊，**205**，79-91。

林永豐（2014）。素養的概念及其評量。教育人力與專業發展，**31**(6)，35-47。

林永豐（2015）。十二年國教中的核心素養概念。載於中國教育學會主編，教育的想像─演化與創新。臺北市：學富。

林永豐（2017）。核心素養的課程教學轉化與設計。教育研究月刊，**275期**，4-17。

林永豐（2018a）。從九年一貫到新課綱的校本課程省思。臺灣教育，**710**，29-36。

林永豐（2018b）。核心素養導向的課程轉化與教案特色。教育研究月刊，**289**，41-54。

林永豐（2018c）。延續或斷裂？從能力到素養的課程改革意涵。課程研究，**13**(2)，17-36。

林崇德（2016）。學生發展核心素養：面向未來應該培養怎樣的人。中國教育學刊，6期。

國教院（2014）。十二年國民基本教育課程發展指引。臺北市：國家教育研究院。

教育部（2014）。十二年國民基本教育課程綱要總綱（中華民國103年11月28日，臺教授國部字第1030135678A號）。臺北市：教育部。

教育部（2015）。中華民國教師專業標準指引（105年2月15日臺教師(三)字第1050018281號函）。

教育部（2018）。中華民國教師專業素養指引──師資職前教育階段暨師資職前教育

課程基準（107年6月29日臺教師(二)字第1070087193B號函）。

劉堅、魏銳等（2016）。面向未來的教育：培養21世紀核心素養的全球經驗。
　　（WISE研究報告）北京：北京師範大學、中國教育創新研究院。

劉驪（2017）。略論教師教育者核心素養內涵、特徵與框架。發表於國立臺北教育大
　　學，2017年10月20日兩岸三地課程理論研討會。

辭海（1985）。臺北市：中華書局。

Anderson, L. W., & Krathwohl, D. R. (Eds.) (2001). *A taxonomy for learning, teaching and assessing: A revision of Bloom's taxonomy of educational objectives*. New York, NY: Longman.

Curriculum Development Council, Hong Kong (2014). *Basic Education Curriculum Guide: Building on strength (primary1- secondary 3)*. Hong Kong, Curriculum Development Council.

European Commission (2002). *Key Competencies: A developing concept in general compulsory education*. Brussels: EURYDICE.

European Commission (2013). Supporting teacher competence development, for better learning outcomes. Paris: EC, p.10.

Mayer, E. (1992). *Key Competencies*: Report of the Committee to advise the Australian Education Council and Ministry of Vocational Education, Employment and Training on Employment-related Key competencies for post-compulsory education and training. Australia: Australian Education Council and Ministry of Vocational Education, Employment and Training.

McClelland, D. C. (1984). Motives, Personality, and Society: Selected Papers. NY: Praeger.

OECD (2005). The definition and selection of key competencies: executive summary. Paris: OECD.

OECD (2009). Global competency for an inclusive world. Paris: OECD.

OECD (2009). *PISA 2009 Assessment Framework - Key Competencies in Reading, Mathematics and Science*. Paris: OECD Publishing.

OECD (2010). *PISA 2009 Results: What Students Know and Can Do. Student Performance in Reading, Mathematics and Science*. Paris: OECD Publishing.

OECD (2013). *PISA 2012 Assessment and Analytical Framework: Mathematics, reading, science, problem solving and financial literacy*. Paris: OECD.

OECD (2018a). *Preparing our youth for an inclusive and sustainable world: the OECD*

PISA global competence framework. Paris: OECD.

OECD (2018b). *The Future of Education and Skills: Education 2030*. Brussul: OECD, p.23.

Pei-Ling Tan, J., Koh, E., Chan, M., Costes-Onishi, P., & Hung, D. (2017). *Advancing 21ˢᵗ century competencies in Singapore*, Center for Global Education, National Institute of Education, Nanyang Technological University.

Rychen, D. S., & Salganik, L. H. (Eds.) (2003). *Key competencies for a successful life and a well-functioning society*. Göttingen, Germany: Hogrefe & Huber Publishers.

Spencer & Spencer (1993). *Competence At Work: Models for Superior Performance*. New York: John Wiley and Sons.

UNESCO (2005). *Education for All Global Monitoring Report 2006: Literacy for life*. Paris: UNESCO.

有關十二年國教素養導向
教學的常見觀念迷思

黃嘉雄

　　教育部於2014年11月公布十二年國民基本教育課程綱要總綱，緊接著成立各學習領域／科目課程綱要研修小組，研訂各領域／科目課程綱要並公布。按已公布的總綱及各領域／科目課綱，十二年國教課綱對於目標之陳述，改以核心素養一詞取代先前國民教育階段九年一貫課程綱要總綱的基本能力及各領域課綱的學習階段能力指標。

　　在十二年國教新課綱課程目標由抽象而具體化的垂直分類架構中，先於總綱訂出宗旨性的三面向計九項的核心素養項目，再發展出這九大素養項目分別於國小、國中和高中三個教育階段的核心素養具體內涵。而各領域／科目課綱則參酌領域課程的特質及總綱的三教育階段核心素養具體內涵，進一步研訂出各領域／科目於前述三個教育階段的核心素養，以及用以促成各教育階段核心素養的各「學習階段」學習重點。在十二年的國民教育生涯中，小學每2個年級劃分為一個學習階段，計有3個學習階段；國中和高中則皆以3個年級為一個學習階段，故分別為十二年國民基本教育的第4和5學習階段（教育部，2014）。

　　由於改以核心素養作為十二年國民基本教育新課程的課程目標陳述

用語，因此教育部近來的政策文件乃常以素養導向教學作爲推展十二年國教新課程的關鍵性概念，也因此近兩年來，許多有關中小學教育和課程與教學的學術研討會、工作坊、論壇、徵稿和其他各種形態的專業成長活動，常標榜素養導向教學，以之作爲主軸。一時之間，此詞已成爲臺灣中小學教育及學術研究人員經常朗朗上口的論述慣用詞，甚至已成爲一種被視爲理所當然的口號。然根據這幾年自己參加多場研討會、論壇或工作坊的見聞，以及檢視所閱讀的課程文件和文獻，我發現其實有若干有關素養導向教學的一些觀念迷思，應加以深入分析討論及釐清。茲舉其要者如下：

壹 認爲核心素養適合直接作爲日常的具體化教學目標

如前所述，十二年國教課綱課程目標的垂直分類體系，是由總綱訂定三大面向九個項目之核心素養項目，以及這些項目在小學、國中和高中的三大教育階段核心素養內涵，作爲宗旨性、綱領性和方向性目標，再由各領域／學科課程綱要據以分別進一步訂定各領域／學科課程的國小、國中和高中三教育階段核心素養，作爲各領域／科目課程在三個教育階段的課程目標。然而各領域／科目課程綱要並未如國民中小學九年一貫課程綱要再研訂出類如分段能力指標的更具體化學習階段核心素養，因此，各領域／科目課綱的教育階段核心素養敘述，乃顯得相當抽象化、概括化，難以直接成爲教師日常進行教學的具體化目標。

以語文領域中的國語文課綱爲例，在總綱的「符號運用與溝通表達」素養項目裡，其訂定的小學、國中和高中三大教育階段核心素養具體內涵，依序如下：「理解與運用本國語言、文字、肢體等各種訊息，在日常生活中學習體察他人的感受，並給予適當的回應，以達成溝通及互動的目標。」「運用本國語言、文字表情達意，增進閱讀理解，進而提升欣賞及評析文本的能力，並能傾聽他人的需求、理解他人的觀點，達到良性的人我溝通與互動。」「運用本國語言、文字，表

達自我的經驗、理念與情意，並學會從他人的角度思考問題，尋求共識，具備與他人有效溝通與協商的能力。」（十二年國民基本教育課程綱要：語文領域—國語文，2018）這是國語文在「符號運用與溝通表達」項目，期許學生分別在小學六年、國高中各三年應養成的核心素養，雖曰「具體內涵」，實則過於概括化，其實不適合直接作為國語文教師日常單元教學的具體目標。試想分別任教於小學一年級和六年級的兩位教師，都以前舉小學階段的核心素養作為其日常教學目標，如何能針對不同語文能力層次的學生，提供適其所需的教學？因此，若認為總綱和領域／科目課綱的核心素養，適合作為教師日常的具體化教學目標，是一種觀念迷思。

解決之道，至少有二：其一，由領域／學科課綱研修小組進一步訂定學習階段核心素養，且將之具體化，並強化學習階段核心素養與各學習階段學習重點之連結；然後，由各校據以進一步轉化設計為各領域／科目的各年級課程計畫。其二，由學校直接參酌領域／科目課綱的教育階段核心素養及學習重點，進一步轉化設計為各領域／科目各年級的具體化課程計畫。教師則依學校課程計畫進行教學設計與實施，以學校課程計畫裡的年級課程目標與教學重點轉化設計為日常的單元教學目標。

貳 將用以促成核心素養的學習重點中之學習內容與學習表現視為分立的兩向度

前已述及，十二年國教各領域／科目課綱並未訂定其各學習階段核心素養，而是訂定學習階段的學習重點，用以促成各領域／科目各教育階段核心素養。

在國家教育研究院的《十二年國民基本教育課程發展指引》中，定義「核心素養」是指一個人為適應生活及未來挑戰，所應具備的知識、能力與態度，其承續過去課程綱要的「基本能力」、「核心能

力」與「學科知識」，但涵蓋更寬廣和豐富的教育內涵。在課程轉化上，是透過總綱的「核心素養」、「各教育階段核心素養」，以及各領域／科目綱要的「各領域／科目核心素養」、「各領域／科目學習重點」來進行轉化與表述（國家教育研究院，2014a）。因之，各領域／科目的各學習階段學習重點，乃用以促成核心素養及構成領域／科目課程的主要內涵。

而各領域／科目學習重點由「學習表現」與「學習內容」兩個向度所組成。國家教育研究院（2014a）定義前者為：是強調以學習者為中心的概念，學習表現重視認知、情意和技能之學習展現，代表該領域／科目的「非內容」向度，應能具體展現或呼應該領域／科目核心素養。認知向度包括記憶、理解、應用、分析、評鑑、創造等層次；情意向度包括接受、反應、評價、價值組織、價值性格化等層次；技能向度包括感知、準備狀態、引導反應（或模仿）、機械化、複雜的外在反應、調整、獨創等層次。而後者則定義為：學習內容需能涵蓋該領域／科目之重要事實、概念、原理原則、技能、態度與後設認知等知識（國家教育研究院，2014a，頁8-9）。

在2014年1月的《十二年國民基本教育課程發展指引》中，主張各領域／科目學習重點由「學習表現」與「學習內容」兩個向度組成，但強調如有特殊情形者，得僅就「學習表現」或「學習內容」擇一採用。這時的觀念強調兩向度應兼顧，但特殊情形者，得僅擇其一作為課程目標或內涵。而國家教育研究院課程及教學研究中心核心素養工作圈於2015年7月發布的《十二年國民基本教育領域課程綱要核心素養發展手冊》裡，則強調：「總綱裡講的學習內容與學習表現，並非材料與目的的關係。用教育的專業術語來說，兩者都是學習內涵，同等重要。」此外，又提醒各領域課綱研修小組：「各領綱應該先斟酌的是：這個領域當中有哪些重要的學習內容與學習表現。至於，內容先，或表現先，其實無妨。因為就雙向細目表的架構而言，兩個向度都是重要的。」（國家教育研究院課程及教學研究中心核心素養工作圈，2015，頁58）林永豐（2017）亦認為在十二年國民基本教育課程的素養

導向教學中，學習內容與學習表現兩者應兼顧。

從上述說明可知，國家教育研究院是希望各領綱研修小組在研訂學習重點時，應兼顧學習內容與學習表現兩向度；而且，若從雙向細目表的觀念來看，學習內容與學習表現應具交互關係，而非個別分開的兩個獨立向度。尤其，前述的領域課程綱要核心素養發展手冊特別強調，學習重點包含兩個向度，符合R. W. Tyler、B. S. Bloom對教育目標的基本理念，也符合L. W. Anderson和D. R. Krathwohl等人的新版認知領域教育目標分類（國家教育研究院課程及教學研究中心核心素養工作圈，2015，頁57）。

按Tyler（1969）的觀點，教育或課程目標之敘述需明確，而欲使目標敘述明確化，則須以行為和內容兩向度陳述每一目標。因此，每一則目標陳述應指出行為的種類如寫、繪製、解釋，以及行為的內涵如某一概念、原理、句型或看法等。Tyler的此種觀點，其後成為Anderson、Krathwohl、Airasian、Cruikshank、Mayer、Pintrich、Raths和Wittrock等人（2001）將早期Bloom等人的認知領域目標分類，由單一軸度修改為雙向互動軸度的概念基礎。

在Bloom等人1956年的認知領域目標分類中，雖已隱約指出認知領域目標有兩類，一類是知識；另一類是心智能力與技巧，指個體能從先前經驗中發現適當資訊和技術，以處理新問題和情境的能力。然此時的分類小組人員認為知識是基礎，而各種心智能力與技巧是對知識加以組織、處理與運用，以解決問題和面對新情境的能力與技巧，包括理解、運用、分析及綜合和評鑑等心智能力。因此，乃以單軸向度，將認知領域依行為由簡而繁的複雜程度區分為知識、理解、應用、分析、綜合及評鑑等六大層次目標（黃嘉雄，2004）。

而Anderson和Krathwohl等人（2001）的新版Bloom認知領域目標分類，則擷取前述Tyler目標陳述之意旨，認為一則目標之陳述，應包括期望習得的知識內容及對該知識內容處理的認知過程；而知識本身以及對知識加以處理的認知過程，兩者皆可再細分數類。所以，新版認知領域目標分類，將知識和認知過程兩向度分別分類，前者包括事

實性、概念性、程序性和後設認知四類知識，後者則區分為記憶、了解、應用、分析、評鑑和創造等六層次的認知過程，而且這兩向度的各細類間交錯交集下，形成一組目標叢集分類體系，如表1。

表1　2001年修訂之Bloom認知領域目標分類表

認知過程向度 知識向度	1.記憶	2.了解	3.應用	4.分析	5.評鑑	6.創造
A. 事實知識						
B. 概念知識						
C. 程序知識						
D. 後設認知知識						

資料來源：*A taxonomy for learning, teaching, and assessing: A revision of Bloom's taxonomy of educational objectives* (p.28), Anderson et al. (Eds.)(2001), New York: Longman.

　　從上述說明可知，在新版的認知領域目標分類體系裡，知識和認知過程兩向度及其下的各細類別，並非各自獨立分開的，而是一種兩向度彼此交錯的叢集分類體系，不應單獨就某一向度陳述目標。舉例來說，「會詳細說出228事件的始末」和「會以客觀證據解釋228事件發生的重要原因」兩則目標敘述，雖然其知識內容同樣是228事件，但前者屬認知過程中的記憶或理解，但後者已屬分析層次。

　　按前述國家教育研究院的課程文件觀之，十二年國教課綱總綱小組所定義的學習內容和學習表現兩向度之關係，可能有兩種解釋方向：一是可分開獨立看待的兩個向度，但兩者都是重要而應兼顧的學習內涵；另一是兩者不但都重要，而且是彼此交錯而不能分開看待的叢集互動式學習內涵體系。若依新版認知領域目標分類的精神，以及Tyler主張目標陳述應兼含學習者行為及學習內容兩者的觀點來說，應屬後者才符合課程設計的原理。未來課綱總綱及國家教育研究院的課程文件，宜清楚說明兩者的互動關係。

把學習表現視同爲認知歷程、技能和態度

十二年國教核心素養之促成，主要藉由各領域／科目學習重點之有效教學，學習重點又包含學習內容和學習表現兩向度。學習內容的概念意涵，一般教育人員較爲熟悉，而學習表現則不然。除核心素養之外，學習表現可謂是十二年國教課綱創用的另一關鍵概念，然課綱總綱不但未對其提供清楚明白的定義，甚至在總綱僅於實施要點的教學實施中，以一句話提示教師：應根據核心素養、學習內容、學習表現與學生差異性需求，選用多元且適合的教學模式與策略。然後，就直接交由各領域／科目課綱研修小組自行詮釋。欲考究學習重點中學習表現之意涵，需追溯《十二年國民基本教育課程發展指引》及《十二年國民基本教育課程發展建議書》。在課程發展指引裡，定義學習表現爲：「是強調以學習者爲中心的概念，學習表現重視認知、情意與技能之學習展現，代表該領域／科目的非「內容」向度，應能具體展現或呼應該領域／科目核心素養。」（國家教育研究院，2014a，頁8-9）而在課程發展建議書中，並未加以定義，但強調各領域／科目的學習重點需包含「學習表現向度」與「學習內容」向度，以兼顧能力導向學習與知識導向學習（國家教育研究院，2014b，頁20）。這似乎將學習表現向度定位爲能力導向，而學習內容向度定位爲知識導向之學習。但這與課程發展指引所定義的「學習表現重視認知、情意與技能之學習展現」的觀點，並不一致，因認知領域本就包含知識內容及其展現的學習，它既是知識導向的，同時也應是能力導向才對。

前述《課程發展指引》及《課程發展建議書》，都是在2014年1月發布，而教育部於2014年11月公布課綱總綱，緊接著就是由各領域／科目課綱研修小組研修領域／科目課綱草案。可能察覺到課程發展指引對學習表現和學習內容之定義不夠清晰，國家教育研究院課程及教學研究中心於2015年7月乃發表《十二年國民基本教育領域課程綱要核心素養發展手冊》，作爲各領域課綱研修小組研訂領域／科目學習重點

之引導。在《核心素養發展手冊》中，對於「學習表現」定義如下：「乃是用以呈現各領域學習內涵當中『非內容』的面向，即包括了認知歷程、技能、態度等等。就此意義來說，『學習表現』一詞雖然取代『能力指標』，但乃是希望回歸能力指標的原意，希望強調教學目標中『認知歷程』、『非內容』的向度。」（國家教育研究院課程及教學研究中心核心素養工作圈，2015，頁57）

　　比較前述《課程發展指引》和《領域課程綱要核心素養發展手冊》對學習表現之定義，可發現如下現象：首先，兩者皆強調學習表現乃學習內涵的非內容面向，但此種定義的內涵是不夠明確的。其次，兩者的定義內涵亦有所差異。前者定義的學習表現是指認知、技能和情意三大領域的「學習展現」，強調的是三大領域的學習展現，所以學習內容亦包含了三大領域在內；但後者的定義，則強調學習表現包含了技能、態度（屬情意領域的一部分），以及認知領域中的認知歷程。如此一來，有些領綱研修小組和許多教育人員，就傾向於將學習表現視同為各課程領域中的認知歷程、技能和態度，而把學習內容界定為僅是領域中的「知識」。然這應是一種觀念上的迷思。

　　如果從前文所述新版認知領域目標分類的邏輯來說，認知領域的目標可就知識和認知歷程兩向度進行分類；同樣的道理，技能和情意兩領域亦可循此分類邏輯，分就技能和情意兩領域內的各種不同內容類別，以及其心智歷程與表現的各種層次，進行兩向度的分類。只是，到目前為止，學界似尚未發現令人信服的有關技能或情意兩領域的兩向度分類架構而已。從這個角度，以及從《十二年國民基本教育課程發展指引》的定義觀之，學習表現宜定位為學習者於認知、情意、技能和社會參與等領域學習過程中的心智歷程與展現，而學習內容則應包含了前述這些領域中具學習價值的各類內容，包括認知領域內的各種事實、程序、概念、原理和後設認知知識，情意領域內的各種價值、態度和興趣，以及技能領域內的各種技能。

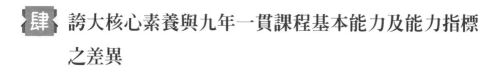

肆 誇大核心素養與九年一貫課程基本能力及能力指標之差異

　　課程革新會採用新的概念，帶來新的理念，革新倡導者甚至會過度誇大新概念與舊概念之差異及其優越性，以建立課程革新的合理性。一般教育人員也常常會對新概念與舊名詞之差異產生強烈好奇，有時也會以兩者的差異來論斷革新的必要性。

　　十二年國教課綱以核心素養取代先前九年一貫課程的基本能力和能力指標，作為課程目標表述及課程組織的新概念，自然而然就會有革新倡導者和教育人員試著詮釋核心素養與基本能力、能力指標之差異。其中，有些詮釋並未詳閱新舊課綱總綱及各領域／科目課綱之內容，僅就「核心素養」和「基本能力」、「能力指標」的詞意涵義而進行顧名思義式的比較，造成過度誇大彼此實質內涵差異的現象，茲舉數例說明之。

　　其一，認為核心素養是跨領域的，而基本能力不是。其實九年一貫課程的十項基本能力和十二年國教課綱總綱的核心素養，在定位上都是跨領域的宗旨性課程目標，任何一項基本能力或核心素養都非屬任一學習領域的專屬目標。會有此等誤解，可能來自於前述領域課程綱要核心素養發展手冊，曾強調總綱三面九項核心素養是「跨領域」的，能力指標是「領域內（或科目內）」的概念（國家教育研究院課程及教學研究中心核心素養工作圈，2015）。誠然九年一貫課程的能力指標，是由各領域／科目課綱研修小組就其領域／科目性質訂定的，就此而言，它是領域內的；但以同樣的尺度來說，十二年國教各領域／科目課綱研修小組訂定的各領域／科目學習重點，亦是屬領域／科目內的，除非研修小組能超脫自己領域／科目的視界，而訂出跨領域／科目內涵的學習重點。其二，強調核心素養兼含學習內容與學習表現的學習，而能力指標只重視學習表現。在1998年九年一貫課程總綱綱要及2000年九年一貫課程暫行綱要發布時，部分領域課綱確實較不認為固定的學習內容應成

爲課程綱要的主軸，以避免課綱的課程和知識內容無法因應時代的變遷而及時調整。然而，之後的九年一貫課程各領域課程綱要修訂，則大部分於能力指標之外，再新增各領域／科目的基本內容、分年細目或參考細目，因領域／科目而異；而且，許多能力指標的陳述，原本即包含了學習內容。故若謂九年一貫課程或其能力指標僅重視學習表現而忽略學習內容，是一種誇張的說法。其三，認爲核心素養包含知識、能力和態度，而能力指標和基本能力僅強調外顯能力。事實上，九年一貫課程各領域的能力指標及作爲總目標的十項基本能力，亦有不少屬情意領域的態度和價值者，且如前所述，各領域有些能力指標裡亦包含了基本的知識內容，並非僅強調外顯行爲或能力表現。蔡清田（2015）即曾指出，九年一貫課程改革有被「誤解」爲強調行爲主義的基本能力，而相對忽略知識與態度情意的現象。

要言之，欲眞正了解十二年國教課程總綱與領域／科目課綱核心素養和九年一貫課程基本能力及各領域課綱能力指標之差異，應直接詳究兩者總綱和各領域／科目課綱在核心素養、學習重點及基本能力、能力指標之陳述內涵的異同，而非僅就詞義而做誇大式的推演詮釋。

綜合上述，目前教育學者及教育人員仍常見有關十二年國教課程素養導向教學的如下觀念迷思：其一，認爲核心素養適合直接作爲日常的具體化教學目標；其二，將課綱中用以促成核心素養的學習重點中之學習內容與學習表現，視爲分立的兩向度；其三，把學習表現視同爲認知歷程、技能和態度，而非學習者於認知、技能、情意和社會參與等各類領域學習過程中的各種心智歷程與結果展現，混淆了學習內容與學習表現兩概念；其四，誇大了核心素養與九年一貫課程基本能力及能力指標之差異。

課程革新之落實，有賴各層級課程文件，包括課程總綱、各領域／科目課綱、學校課程計畫、中央／縣市／學校課程推動措施等，在新課程核心理念與重要關鍵概念之前後呼應，以及推動、倡導人員和學校教育人員對此等理念與概念有著共識性理解和支持。如此新課程的理

念、意旨和創新觀念，才能有效轉化爲教師的日常教學實際與學生的學習經驗。十二年國教課程的關鍵新概念之一，乃核心素養及用以促成核心素養、由學習內容與學習表現兩向度組成的學習重點，然在教育部各種推動及配套措施已推展近三年之際，仍發現有前舉有關素養導向教學的重要觀念迷思。

依教育部公布的時程，十二年國民基本教育新課程將自2019學年於各教育階段之一年級起逐年級實施。有關上述觀念迷思宜在短時間內加以釐清，尤其負責研修及審議課綱的團隊應先予究明，然後再迅速推及辦理新課程試辦協作的夥伴和輔導人員，以及擔任教師新課程增能研習的講師團隊。

（本文修改自筆者發表於第19屆兩岸三地課程理論研討會之論文，2016年10月21日，臺北市，國立臺北教育大學。）

參 考 文 獻

十二年國民基本教育課程綱要:語文領域—國語文（2018）。2019年5月28日，取自http://www.naer.edu.tw/ezfiles/0/1000/attach/46/pta_18510_4703638_59125.pdf

林永豐（2017）。核心素養的課程教學轉化與設計。教育研究月刊，**275**，4-17。

教育部（2014）。十二年國民基本教育課程綱要總綱。臺北市：教育部。

國家教育研究院（2014a）。十二年國民基本教育課程發展指引。新北市：國家教育研究院。

國家教育研究院（2014b）。十二年國民基本教育課程發展建議書。2017年7月18日，取自http://12cur.naer.edu.tw/download/fileList

國家教育研究院課程及教學研究中心核心素養工作圈（2015）。十二年國民基本教育領域課程綱要核心素養發展手冊。新北市：國家教育研究院課程及教學研究中心。

黃嘉雄（2004）。2001年修訂之布魯姆認知領域目標分類：其應用與誤用。國民教

育，**45**(2)，59-72。

蔡清田（2015）。課程發展與設計的關鍵**DNA**：核心素養（初版2刷）。臺北市：五南。

Anderson, L. W., Krathwohl, D. R., Airasian, P. W., Cruikshank, K. A., Mayer, R. W., Pintrich, P. R., Raths, J., & Wittrock, M. C. (2001). *A taxonomy for learning, teaching, and assessing: A revision of Bloom's taxonomy of educational objectives*. New York, NY: Addison Wesley Longman.

Tyler, R, W. (1969). *Basic principles of curriculum and instruction* (29th ed.). Chicago, IL: The University of Chicago Press.

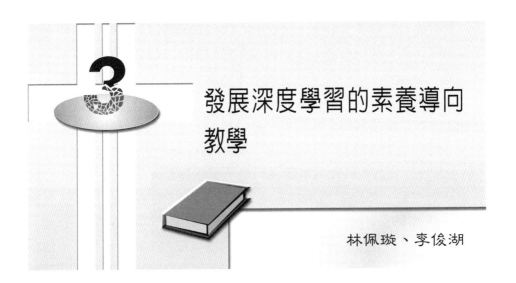

發展深度學習的素養導向
教學

林佩璇、李俊湖

壹　前言

　　隨著科技普及與技術進步，二十一世紀數位知能的需要與日俱增；全球化改變了組織和專業運作形式；加上人類文明面對全球生態系威脅等問題，促使教育重新思考如何讓學生進入多變的社會前，能夠擁有因應變局的知能（Chu, Reynolds, Tavares, Notari, & Lee, 2017）。近年來，各國關注二十一世紀公民的生活智能，經濟合作暨發展組織（Organization for Economic Co-operation and Development，簡稱OECD）於2009年提出溝通、資訊、倫理及社會影響（Ethics and Social Impact）等能力。美國Melbourne大學及Cisco、Intel，以及Microsoft等公司贊助成立的組織，提出思考方式、運作方式（Ways of working）、運作工具（Tools for working）及生活等四類能力；另美國2002年成立的二十一世紀技能夥伴組織（Partnership for Twenty-first Century Skills）則指出學習和創新、資訊媒體和技術技能及生活和職業技能等三類能力（Chu et al., 2017）。

　　學習能力的發展與培養，OECD研究是眾所周知的。OECD長期進行學習國際比較，提出有關素養的定義和參照架構。認為素養涵蓋多個生活領域，是成功生活和健全社會的重要內涵。臺灣十二年國教改革，因應學生及社會需要，參照OECD研究基礎上提出「成就每一個孩子——適性揚才、終身學習為課程願景，結合自發、互動、共好的理念，透過學習者的核心素養培養……成為學會學習的終身學習者」（國家教育研究院，2015）。這些研究共同關注的是，學生需要為未來的生活和生計有更好的準備，將學習應用於各種不同的情境，發展出自我導向主動行動的學習者，成為二十一世紀職業生涯中能夠生存與發展的公民。

　　二十一世紀以後的學習不同於以往的思考模式，將由學習者所驅動（Zygouris-Coe, 2014）。新世紀的學習，不僅包括科技媒體及核心學科能力，更需發展善用學習、生活和工具的能力，具有批判思考、人際溝通和協作技能，以便在高度網絡化和複雜的世界中定位並持續學習的未來國民。

　　美國國家研究委員會（National Research Council，簡稱NRC）在「生活與工作教育報告：發展二十一世紀的可轉移知識與技能」對學習有深入的定義。報告中，特別指出深度學習是促進大學、職業和生活發展重要能力的關鍵。Guerriero（2017）也提到深入學習的重要性，他認為：如果教學目標是讓學生在教室內完成任務或解決問題，如學習熟練使用加法，則不需要深入了解學習內容和理論的特質。但是在二十一世紀的工作和生活中，個人必須能有效地適應不斷變化的情況，如果學生要能夠成功地解決新問題，適應新情況，那深度學習則是必要的，深度學習可以協助學生發展可轉移知識，將學習轉化於新問題及新情境中。

　　教學不只是教師個人的行為，更是因應社會文化變革下必然的人類活動，用以幫助學生發揮及加強現在及未來的力量、能耐、態度和經驗（林佩璇，2017）。十二年國教大力倡導的素養導向教學，對學校教學和以往有不同期待，期待教學能引導學生更深層的學習催化及延展性。本文依次探討素養和深度學習的意涵，而後就導向深度學習的素養教學提出一些看法。

素養的意涵

　　素養（competence）一詞在臺灣十二年國教改革中引發不少討論。九年一貫倡導的基本能力轉爲核心素養，形成一股詮釋熱潮。「competence」一詞，1980年代英國基於職業教育與訓練領域需要，界定爲知識、理解與技能三種相互關聯要素的整合（Harvard & Hodkinson, 1994）；Mulder和Winterton（2017）曾分析能力本位（competence based）與能力取向（competence oriented）之差異，主張能力本位只是課程設計、教學及評量起點，但是能力取向並非僅止於行爲操作，而能指向能力達成目的視野；Piet-Hein van de Ven（2011）也認爲能力本位易被視爲可觀察的行爲，也有被誤解爲技能（skill）的可能，但是其實應該是較爲廣闊的解釋。Mattsson、Eilertsen和Rorrison（2011）更主張教育理論不是一種外在或脫離脈絡，理論和概念是根基於歷史與文化認識論的一部分，實踐推理需在實踐中得到體現，以發展實用智慧。雖然學者間對於competence界定具不同觀點，但基本上均逐漸脫離原來狹隘的觀點，採取更爲寬廣的界定與多元角度來界定「competence」。臺灣從早期能力本位，在九年一貫中改以基本能力稱之，十二年國教中，以素養爲名，也反映對學習能力再詮釋的潛在立場。

　　從字典中查閱，素養一詞被解釋爲「一組相關能力、投注力、知識和技巧的整合，使個人（或組織）能在其工作或更廣情境中有效地行動」（Business Dictionary）。維基字典則指出能力包含了自然（生物）能力、溝通能力（語言能力）和在責任中參與的能力。臺灣引用最普遍的爲OECD提出關核心素養的定義和參照架構，認爲核心素養涵蓋多個生活領域，是成功生活和健全社會的重要內涵。DeSeCo專案團隊更邀請哲學、人類學、心理學、經濟學及社會學等不同領域專家分別提出核心素養內容，將之歸納爲自主行動與反省力、互動地使用工具和在社會異質團體中互動等三類核心素養。學者指出三類核心素養中最重要

的、核心的乃是反省力（Rychen & Salganik, 2000），因爲反省力不僅是指能夠應對當下的處境，而且在面對變化及複雜的未來世界時，能夠應變、從經驗中學習，以及擁有批判思考與行動能力的主動自主思考與行動者。以下說明素養要義：

一　素養爲認知、技能、態度和表現的複合概念

「素養」是個體爲了發展成爲一個健全個體，因應生活情境所不可欠缺的知識、能力與態度（蔡清田，2014）。國家高等教育合作組織（National Postsecondary Education Cooperative，簡稱NPEC）經過長時間的討論，認爲特徵、知能及素養是具有關聯的三層次：特性和特徵爲學習之基礎，它們是天生素質，能夠協助建立下一結構層——知識和能力；在第三層次是素養，素養可被視爲學習者擁有的經驗結構的頂點，具有綜合技能、能力和知識等互動學習經驗的結果，是達成相關學習任務的主要動力來源。

同樣地，Matveev（2016, p.7）也認爲：「素養是個人知識、特質及技能的綜合體，能導向有效結果的表現。」DeSeCo則從功能性觀點來界定素養（Rychen & Salganik, 2000）：

> 素養是圍繞需求與任務所建構，基於滿足複雜需求和任務，不僅需要知識和技能，也涉及應用知識所需的策略和技能與適當的情緒和態度，以及有效管理前述要素的複合體。因此，素養的概念包括認知、動機、倫理、社會和行爲等組成部分；素養也結合了穩定的特徵、學習成果（例如：知識和技能）、信念價值體系、習慣和其他心理特徵。

二　素養具有情境與社會導向，能彈性因應複雜任務

能力是個人的也擴及學校及社會，在臺灣素養的概念常與識讀

（literacy）混用，用以說明能力除具讀寫技能外，也要能解構文本內容、判斷作品的品質，而此知能顯然已超越拼字及理解層次，進而與社會、經濟、文化和政治層面相連（Braun, 2007）。

素養更是個體面對外在環境時有目的之行動（Bron, 2003）。林永豐（2015, 2017）也指出：新課綱素養導向課程與教學的理解，並非來自傳統中文意義素養的概念，而是強調知識與情境脈絡的連結，因此，素養內涵被賦予回應情境，因應未來社會需要的意義。顯然，面對變遷的社會，需要彈性與調適才能因應複雜多變的工作任務。

三 素養是透過多種文本、多場域終身學習的過程

素養的內涵隨著社會發展，其概念不斷重構。Otto（2007, p.2）認為：

> 隨著社會的發展與演變，素養的內涵也隨之變化。早期只要求能讀寫，隨著科技的進步、溝通方式的改變，以及視聽資訊媒體的發展，自然需要新的素養，在現代社會中，要具備更廣泛的語言能力，素養不僅是學術目標，更是生活上之必需。因此，素養應視為與社群、社會、學術及職業等廣泛層面互動的終身能力。

Zygouris-Coe（2014, p.7）也持相同觀點，指出「在過去五十年中，素養的意義已由獲取基本認知技能轉變為發展批判能力，進而促成個人和社會變遷的概念」。其次，文本內涵也有所轉變，目前除了紙本印刷外，凡能幫助人們了解意義的視聽與多媒體的任何文本均是培育素養的來源（Braun, 2007）。此外，素養的學習也隨著社會的發展逐漸延伸，「素養獲得被視為一個持續的終身學習過程。……舉凡學校、家庭、同儕、工作、政治、宗教及文化生活等均是強化素養的場域」（Rychen & Salganik, 2000）。

四　素養為持續的展化學習

　　素養非靜態而是一個既複雜又動態的概念（Zygouris-Coe, 2014）。素養在其功能社會和文化過程的運作是非常複雜的過程，包括了解意義和取得知識、資訊與娛樂的形式，更賦予個人創造意義的能力。素養的發展同時具有個人認知及社會實踐層面，由個人認知擴展為聽與說的互動與溝通，並能與外在社會連結，持續展化，表現出為個人生涯、職業與公民責任（Brisk & Harrington, 2010）。

參　深度學習

　　學生學習意願低落成了課堂司空見慣的問題，在教學改革中，自主的深度學習（deeper learning）是教師教學致力的核心（Bergman & Sams, 2014）。支持教改的人員相信透過深度學習能燃起學生的學習熱情（Jensen & Nickelsen, 2008）。

　　Jensen和Nickelsen（2008）將學習區分別簡單學習與深度學習。前者是「機械式學習（rote learning）或步驟式學習（procedural learning），它有助於回憶和保留，但不利於轉移知識」（Jefferson & Anderson, 2017）；而深度學習則有助於個人應用所學知識到新情境（即轉移）的過程（Pellegrino, 2012）。透過深度學習，在社群中的共享學習和與他人的互動中，個人能夠發展成為特定知識領域和／或表現的專家。

　　Mayer（2010）則將學習結果分為無學習（no learning）、機械學習及深度學習三類，認為在無學習狀態中，對保留表現（retention performance）及轉移表現（transfer performance）中均顯示不良；機械學習保留雖佳，但在轉移表現差；深度學習則在保留和轉移表現均佳。換言之，深度學習的重要特徵是有意義的學習，學習者能整合新舊經驗，發展高層次能力，並將所學轉移至新情境。

　　NRC在素養研究報告中也指出：深度學習是促進大學、職業和生

活發展重要能力的關鍵。這些能力包括認知（cognitive），如批判性思考、分析、推理／論證、解決問題；個人內在特質（intrapersonal），如自我管理、學習如何學習、後設認知、彈性、堅持；以及人際關係（interpersonal），如表達意見／溝通；磋商、同情／持有觀點、合作等相互交織的結果（Pellegrino & Hilton, 2012）。要言之，深度學習是有意義的學習，它能引燃學習熱情、視差異為資本，以產生意義連結、發展批判及後設思考，並對於學習遷移有潛在的影響。深度學習的特點如下：

一　引燃學習熱情

　　學校大多數教學為教師主導的方式，未能將校內學習連接到校外的世界與未來的生活，以致學生疲於應付課堂作業與考試，導致逐漸喪失熱情與學習動機（Chu et al., 2017）。深度學習則能幫助學生進行有意義的學習，整合真實世界的情境，進而啟導學生活化知識和技能，產生有意義學習目標，這成為建構深度學習不可或缺的要素。教師啟動以學習者為中心的教學設計，引導學生整合知識與自我經驗；透過情境、資源及活動過程，激發學習興趣，將更能滿足個體學習需要，引燃學習興趣與動機（Martinez & McGrath, 2014; Fogarty & Pete, 2010; Biggs, 1999）。

二　視差異為資本，進而產生意義連結

　　學生在益趨多元的學校生態中，差異是學習者必然的資產。不同於過去一視同仁、削足適履的教學方式。教學更需允許學生以原有的認知結構，去整合新的學習題材，導向有意義的學習（林佩璇，2017）。連結舊經驗與新知識是深度學習的主要特徵（Biggs, 1999），而基於經驗的基礎，才有助於發展學生高層次與深度學習的能量（Griffin, Care, & McGaw, 2012）。深度學習不僅促進個體在特定學科發展專業知識，也能認知新問題與以前所學內容有關，進而運用知識和技能來解決問題（Pellegrino, 2012; Lengel, 2013）。

三　發展批判及後設思考

　　許多文獻提到「二十一世紀技能」、「學生中心學習」、「下一代學習」、「新基礎學習」、「高層次思考」等關鍵技能學習時，通常指向教育與生活上獲得成功的批判性思考、解決問題、協作、有效溝通、動機、學習如何學習等認知和非認知技能（National Research Council, 2013）。從學習歷程而言，一位新手可能始於將分散的資訊、技能與經驗逐漸累積，而後加以組織及結構化，其後也就能更加深入了解學習主題所有元素之關係（Conley, 2013）。其歷程涉及將已知的概念和原則建立聯繫，引發概念的長期保留，對思考批判性分析，進而以新的方式理解新情況等歷程（Bellanca, 2015）。因而批判及後設層次能力不僅是獲取知識，也是未來生活中社會互動的要素。換言之，學習者藉由深度學習掌握批判性思考、解決問題、溝通、協作、學習如何學習等能力，就是未來社會生活素養的重要內涵（Bellanca, 2014）。

四　學習遷移的潛在力

　　學習水平及垂直遷移是教育人員耳熟能詳的名詞，然而我們也不難聽見學習者常有的困惑——學幾何、化學元素、文言文……有什麼用？學習素材對學生而言如果未經轉化，只能說是無意義的材料堆疊，更有不少學子，因而卻步。學者不斷指出：「學到的知識能夠應用於另一個情境時才是深度學習」（Conley, 2013, p.100）。深度學習並非結果（product），而是知識轉移（二十一世紀的能力）發展的過程。

　　Jensen與Nickelsen（2008）提出深度學習圈（Deeper Learning Cycle，簡稱DELC）的七步驟，用這些步驟來完成深度學習任務。DELC是以激發學生深度學習為目的而設計的教學步驟，也是學習運作的一種方法，其步驟為：1.計畫標準與課程（Planning the Standards and Curriculum）；2.前測（Preassessing）；3.營造積極、安全、支持與歸屬的學習文化（Building a Positive Learning Culture）；4.預備與啟動先前知識（Priming and Activating Prior Knowledge）；5.獲取

新知識（Acquiring New Knowledge）；6.深度處理知識（Processing the Learning Deeper）；7.評量學生的學習（Evaluating Student Learning）。其步驟強調教師需掌握學習內容及了解學生特性、學習環境及學習過程的設計等重點，並認為在學習過程中，學生要能夠連結舊經驗，獲取新知識並能深度處理知識；同時注意學習情境需要超越事實和術語層次，誘發學生在適切的情境中挑戰所學，促使學習深度因情境、時空加以延展與豐富（Guerriero, 2017）。

肆 素養導向教學

十二年國教強調培育學生素養，因而教師專業能力是主要關鍵之一。臺灣的師資養成從過去的良師興國到知識轉化者有不同的期待。六、七十年代師資養成是能力本位下的產物，到九年一貫時轉而強調教師需具基本能力的專業，在十二年國教中更高呼教師認識核心素養的必要。

素養的發展是漸進的（Kapur, 2007），素養導向教學是教師行動也是實踐哲學的展現。素養導向教學以學習者為核心，發展學生主動積極自發學習態度與知能，期望教師能在把握學習重點與視野的前提下，積極回應學生學習的需求，誠如Jensen和Nickelsen（2008）所說：「了解學生已經知道的內容及學習風格興趣等相關資料，才能幫助學生達到深層的學習水準。」

Jacobs、Renandya與Power（2016）也認為學生為中心學習的理念有利於學生自主的發展，他們特別強調：1.學生和教師為共同學習者：教師願意樂意承認本身並非全知，並期待與學生一起學習；2.注重同儕互動：教師鼓勵學生同儕多分享，同時增進認知和情感的優勢；3.學習者自主：學生降低對教師依賴，並發展其終身學習所需的技能和態度；4.關注意義：當學生完全了解所學，就是最好的學習；5.課程統整：學生了解他們研究的各種主題彼此有關聯且能聯繫至更廣泛的世

界；6.多元化：學習活動能力求滿足所有學生的需求，幫助他們欣賞彼此的差異；7.思考技能：學生在表達不同觀點及解釋實例時，心智思考具超越與突破性；8.選擇性評量：擴及非傳統評量方法和鼓勵學生在學習過程中加入評量；9.學習氣氛：教師尋求創造有利於全班成員參與的氛圍；10.動機：教師倡導內在動機，鼓勵學生激勵自我、同儕及教師學習和享受學習。

學習是持續反省及主動的歷程，並由此創新發展知識（Sorenson, Goldsmith, Méndez, & Maxwell, 2011）。二十一世紀的學校，面對多變複雜的環境，教師有更多挑戰，也因此需要更多轉化進行有效的教學（Orenson, Goldsmith, Méndez, & Maxwell, 2011）。深度學習以學習者爲中心的教學活動，有助於建立師生及同儕間信任與依賴，學生透過聆聽不同的觀點、彼此分享經驗、腦力激盪想法、回應他人，以及表達自己感受等特點，都是導向自學及終身學習不可或缺的動能，也是素養導向教學的重要內涵。以下分別說明：

一　建構脈絡化的學習情境

學習具目的和脈絡性，教學的作用在於協助學生了解學習目的，引發好奇並加以挑戰和應用。脈絡化的學習（context-based approaches）旨在引導學習內容與眞實情境連結，當學生了解活動理由及預期的表現時，更有助於將學習與未來生活產生連結，這時學習變得有意義，也能積極參與並投注心力於他們渴望的學習活動中。

脈絡化的學習也是連結舊經驗與新知的歷程，經驗連結是深度學習必要的條件，學生背景知識所存在差異正是學習轉化的契機。素養導向教學採用多種方法啓動事實、概念、程序、策略和信念等背景知識（Jensen & Nickelsen, 2008）。同樣地，深度學習所呈現的是整合而非孤立的事實知識，也是基模、模式與一般原則的核心概念，更是自動化和嵌入長期記憶的程序知識。因而當學習者了解學習價値和理念，能認知到自我能力之潛在力量，學習更易於轉化到新的問題情境，做有效的因

應（Mayer, 2011）。

　　脈絡情境可依據地區或學生熟悉食物、衣物及交通或採取實地參訪等做法，來設計學習方案，此外利用觀察和互動活動也是可行途徑（Ridnouer, 2011）。Greenstein（2016）的研究實例指出，一所學校二年級學生透過重新繪製停車場的線路，解決早上公車瓶頸的困境。顯然脈絡教學透過有機組合與重構相似或相關的學習內容（Jensen & Nickelsen, 2008），或者利用現實世界的議題，作為激發學生學習，幫助其達到更深化的學習層次（Martinez & McGrath, 2014）。

二　識讀與對話討論

　　閱讀與討論，是教學中發展學生具有批判態度與技能的兩個最常提到的方法（Hatch & Groenke, 2009）。臺灣在論及素養概念，常提及識讀（literacy）能力的重要性。維基字典指出識讀傳統上被視為讀寫算的能力，現在它的意義已擴展包含使用語言、數字、意象、電腦及其他基礎工具以作為理解、溝通、獲取有用知識，並能使用文化中的象徵系統。而後OECD指出識讀關鍵在於閱讀發展，有能力了解口說及書寫字詞意義，並對文本有深度的理解。聯合國教育科學文化組織（United Nations Educational, Scientific and Cultural Organization, UNESCO）定義識讀為界定、理解、詮釋、創造、溝通和運用科技於各種變異情境中的能力，因此它包含持續學習特性，促使個人能達成其目標，發展其知識及潛能，進而全力參與他們所在的社群及更寬廣的社會中。

　　此外，教師在教學中，也需學習運用自己的聲音及地位成為轉型的能動者（agents）。批判對話技能（critical dialogue skills）是反思性教育實踐的有益工具（Marchel, 2007），Marchel認為教師教學時要進行對話，示範使用批判性對話，並藉由共享事件，支持學生深度學習。

三　提供學習組織、整合與轉換內化歷程

　　學習內容重新組織及意義化是不斷轉化的內在歷程。深度學習的發

生在於學習者串連個別知識要素，展化新的學習。展化的歷程是後設認知及自我管理能力等高層次認知的展現，不僅提供學習者後設檢視的機會，更能引起其積極專注參與課堂學習、渴望挑戰、努力完成學習任務的意念。換言之，當學習運用後設認知自我管理學習歷程時，會擁有濃厚興趣進而享受學習，深入闡釋問題並與過去經驗連結，並進一步去思考未來的應用（Fredricks, 2014）。在後設整合過程，學習不再以評量的結果為依據，而是後設思考的工具，更是雙重回饋的過程（Bellanca, 2011），因而學習非由教師主導，而是學生的責任。

深度處理知識是打開深度學習之門，Jensen和Nickelsen（2008）提出有助於學生統整的關鍵步驟在於：覺知、分析到綜合、應用及同化。在覺知，教師讓學生對問題深入了解，包括利用感覺、聽覺及觀察等方式了解細節資料，採取提問、解釋、歸納、推理、改寫等方式，增進學生對於學習內容的深入理解；分析到綜合是指了解各部分內涵或重新加以組織，並連結舊經驗，利用擴散性思考或將相關內容串連成主題方式，來擴展或聚焦學習主題的關聯性，然後以自己認為有意義的方式表達呈現；應用是指利用真實情境，以多種方式或多元智能的概念來表達；同化則是將學習的經驗融入舊有架構，採取思考帽或不同觀點配對活動，以權衡各種意見的論辯歷程和主張。教師如能指導學生善用上述統整步驟，將更能有助於深度學習之發展。

四 多文本與多元活化教學策略

科技發展讓學習無遠弗屆，過去以教科書為宗的設計備受質疑與挑戰。現在學習地點、內容與形式日趨多元，素養導向教學更需要引導學生利用多文本學習，發展判斷內容正確性與適切性，這是學習的新課題。

在尊重差異的素養導向教學中，多種策略的活化教學更是促成深度學習要件（Jensen & Nickelsen, 2008）。因為素養導向教學的情境，教師是促進者，要引導學生做中學及探究，界定問題、試驗和檢核，

從中產生學習目的和意義，並找到學習動力（Kapur, 2007）。Chu等人（2017）也提出一些教學策略：如鼓勵學生發現問題，並讓學生相互討論，養成尋找問題背後原因的習慣與態度；其次，師生一起閱讀，共同討論問題，彼此成為學習夥伴，以創造教室內的學習氛圍。Martinez和McGrath（2014）也指出在學習上提供適當挑戰，讓學生有成就感；課堂上引導發現學習方法，運用遊戲、想像、鼓勵思考，以及經常展示學習成果等方式；教學中也可藉由個別、團體及專題等不同的學習方法，幫助學生善用其專長與特點，這些都是引發自發學習的另一變通方式。

素養導向教學並非被動地遵循和實施一系列固定的教學方法。相反地，教學是一個有意識、反思和建構的過程，教師需要比以往有更多的意願與能力，去理解素養在語言、認知和社會文化等方面的意涵，並承擔教學責任，才有可能發展學習者的深度學習（Kucer & Silva, 2006）。

五 構築支持與尊重的學習文化

教學是人類活動的形態，當學生背景日趨多元和差異化，尊重個體權利成為民主的價值，教師教學更應建立公平正義的價值觀，才能有效開啟學生學習潛能（吳清山，2010；林佩璇，2017）。尤其，教學過程包括做教學決定、採取有效互動策略、建構積極的教學環境、符應學生需求及決定評量等多重角色（Otto, 2007），這些過程都對學生有深遠影響。因此，教育價值與學習文化的建立，教師是關鍵的角色。

「深度學習不僅聯繫已知想法，而且能應用到未知的情境，其過程往往超越預期的想法」（Greenstein, 2016, p.124），顯示深度學習能跨越現有的侷限。因此，教師利用深度學習概念規劃素養導向教學時，應適時設計情境，鼓勵學生勇敢地走出舒適安全的環境，進而突破現有技能和知識的侷限。尤其，在此過程中需要積極的學習文化，師生才得以在信任與支持的環境下學習，同時實踐公平正義的教育理念（Jensen & Nickelsen, 2008）。

伍 結論

教育的改變與發展，必然隨著時代轉變及社會發展需要，因應調整。十二年國教改革旨在提供學生自主、互動、共好的學習願景和學習環境，倡導以素養作為學習標的，自主的深度學習成為不可或缺的特質。教學上如何引燃學習熱情、珍視學生擁有的資本、培育學生溝通和後設能力、發揮展化學習的能量，成為新世代的教學任務。

教育改革不僅是對學習者的期許，更是教師專業角色的定位。近五十年來，學校教師從早期能力本位的培育，指向素養導向的教師專業。本文指出，深度學習有助於素養的開展，期待教師在教學能扮演推進的作用，了解學習者的差異、建構支持學習的脈絡化情境、運用多元活化策略、發揮批判對話的示範作用、誘發學生學習轉化的內在歷程。我們相信當教師樂於鼓勵學生發展高層次思考與反省力，建立積極正向態度，成為學習整合者時，必有助於他們參與社會，導向社會公平與正義發展。

參考文獻

吳清山（2010）。教育改革與教育發展。新北市：華藝數位。

林永豐（2014）。素養的概念及其評量，教育人力與專業發展，**31**(6)，35-47。

林永豐（2015）。十二年國教中的核心素養概念，載於甄曉蘭（主編），教育的想像—演化與創新，123-142。臺北市：學富。

林永豐（2017）。核心素養的課程教學轉化與設計。教育研究月刊，**275**，4-17。

林佩璇（2017）。矛盾趨動擴展學習：差異化教學的實踐轉。課程與教學季刊。12(4)，121-154。

國家教育研究院（2015）。十二年國民基本教育領域課程綱要核心素養發展手冊。新北市：國家教育研究院。

蔡清田（2014）。國民核心素養：十二年國教課程改革的**DNA**。臺北市：高等教育。

Bellanca, J. A. (2011). *Enriched learning projects: A practical pathway to 21st century skills*. Solution Tree Press.

Bellanca, J. A. (2014). *Deeper learning: Beyond 21st century skills*. Solution Tree Press.

Bellanca, J. A. (2015). Advancing a new agenda. *Deeper learning: Beyond 21st century skills*, 1-18.

Bergman, J., & Sams, A. (2014). *Flipped Learning: Gateway to student engagement*. Eugene, OR: International Society for Technology in Education.

Biggs, J. (1999). What the student does: teaching for enhanced learning. *Higher Education Research & Development, 18*(1), 57-75.

Braun, L. W. (2007). *Teens, technology, and literacy: Or, why bad grammar isn't always bad*. Westport, Conn: Libraries Unlimited.

Brisk, M. E., & Harrington, M. M. (2010). *Literacy and bilingualism: A handbook for all teachers*. Routledge.

Bron, A. (2003). *Knowledge society, information society and adult education: trends, issues, challenges* (Vol. 4). LIT Verlag Münster.

Christie, F., & Simpson, A. (Eds.) (2010). L*iteracy and social responsibility: Multiple perspectives*. Equinox.

Chu, S. K. W., Reynolds, R. B., Tavares, N. J., Notari, M., & Lee, C. W. Y. (2017). *21st*

Century Skills Development Through Inquiry-Based Learning: From Theory to Practice. Springer.

Conley, D. T. (2013). *Getting ready for college, careers, and the Common Core: What every educator needs to know*. John Wiley & Sons.

Engeström, Y. (1999a). Activity theory and individual and social transformation. In Y. Engeström, R. Miettinen, R., & R. Punamaki (Eds.). *Perspectives on activity theory* (pp.19-38). N. Y.: Cambridge.

Fogarty, R., & Pete, B. M. (2010). *The Singapore vision: Teach less, learn more. 21st century skills: Rethinking how students learn*, 97-116.

Fredricks, J. A. (2014). *Eight myths of student disengagement: Creating classrooms of deep learning*. Corwin Press.

Greenstein, L. (2016). *Sticky assessment : Classroom strategies to amplify student learning*. New York : Routledge.

Griffin, P., Care, E., & McGaw, B. (2012). The changing role of education and schools. *In Assessment and teaching of 21st century skills* (pp.1-15). Springer Netherlands.

Guerriero, S. (2017). Pedagogical Knowledge and the Changing Nature of the Teaching Profession. *Educational Research and Innovation*. OECD Publishing.

Harvard, G., & Hodkinson, P. (1994). *Action and Reflection in Teacher Education*. Norwood, NJ: Ablex.

Hatch, J. A., & Groenke, S. L. (2009). Issues in critical teacher education: Insights from the field. In S. L. Groenke & J. A. Hatch (Eds.), *Critical pedagogy and teacher education in the neoliberal era* (pp.63-82). New York: Springer.

Jefferson, M., & Anderson, M. (2017). *Transforming schools: Creativity, critical reflection, communication, collaboration*. London: Bloomsbury.

Jensen, E., & Nickelsen, L. (2008). *Deeper learning: 7 powerful strategies for in-depth and longer-lasting learning*. Victoria, Australia: Hawker Brownlow

Jacobs, G. M., Renandya, W. A., & Power, M. (2016). *Simple, powerful strategies for student centered learning*. Springer.

Kapur, A. (2007). *Transforming Schools: Empowering Children*. SAGE Publications Pvt. Limited.

Kucer, S. B., & Silva, C. (2006). *Teaching the Dimensions of Literacy*. London: Routledge.

Lengel, J. G. (2013). *Education 3.0: Seven steps to better schools*. Teachers College Press.

Marchel, C. A. (2007). Learning to Talk/Talking to Learn: Teaching Critical Dialogue. *Teaching Educational Psychology, 2*(1), 1-15.

Mattsson, M., Eilertsen, T. V., & Rorrison, D. (2011). What is practice in teacher education?. In M. Mattsson, T. V. Eilertsen, & D. Rorrison (Eds.), *A practicum turn in teacher education* (pp.1-15). Rotterdam, Netherlands: Sense Publishers.

Martinez, M., & McGrath, D. (2014). *Deeper Learning: How eight innovative public schools are transforming education in the 21st century*. New York: The New Press.

Matveev, A. V. (2016). *Intercultural Competence in Organizations: A Guide for Leaders, Educators and Team Players*. Springer.

Mayer, R. E. (2011). *Applying the science of learning*. Boston, MA: Pearson/Allyn& Bacon.

Mulder, M., & Winterton, J. (2014).*Competence-based vocational and professional education*. Dordrecht: Springer.

National Research Council (2012). *Improving adult literacy instruction: Options for practice and research.* National Academies Press.

National Research Council (2013). *Education for life and work: Developing transferable knowledge and skills in the 21st century*. National Academies Press.

Otto, B. W. (2007). *Literacy development in early childhood: Reflective teaching for birth through age eigh*t. Upper Saddle River, NJ: Pearson.

Palomba, C. A., & Banta, T. W. (2001). *Assessing student competence in accredited disciplines: Pioneering approaches to assessment in higher education.* Stylus Publishing, LLC..

Pellegrino, J. W., & Hilton, M. L. (Eds.) (2012). *Education for Life and Work: Developing Transferable Knowledge and Skills in the 21st Century*. Committee Defining Deeper Learning and 21st Century Skills. National Research Council of the National Academies.

Pellegrino, J. W. (2012). Teaching, learning and assessing 21st century skills. In S. Guerriero (Ed.). *Teachers as learning specialists – Implications for teachers' pedagogical knowledge and professionalism* (pp.195-222). Paris, France: OECD.

Ridnouer, K. (2011). *Everyday engagement: Making students and parents your partners in learning*. ASCD.

Rychen, D. S., & Salganik, L. H. (2000). A Contribution of the OECD Program "Definition and Selection of Competencies": Theoretical and Conceptual Foundations. Definition and Selection of Key Competencies. INES General Assembly, 2000.

Sorenson, R. D., Goldsmith, L. M., Méndez, Z. Y., & Maxwell, K. T. (2011). *The Principal's Guide to Curriculum Leadership*. Thousand Oaks, CA: Corwin Press.

Zygouris-Coe, V. I. (2014). *Teaching discipline-specific literacies in grades 6-12: Preparing students for college, career, and workforce demands*. Routledge.

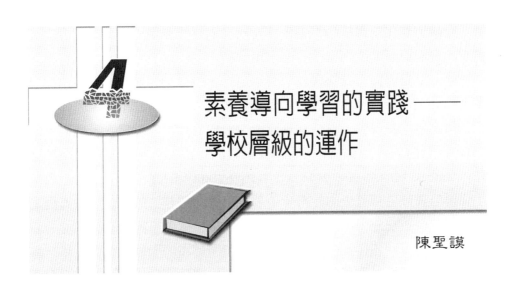

素養導向學習的實踐──
學校層級的運作

陳聖謨

壹 前言

　　有鑒於社會面貌、經濟結構、科技創新與政治局勢等方面的快速變遷，人類所處的生活環境朝向多元分殊、複雜化與不確定性，國際間的關聯依存度日漸密切，競爭程度也隨之加劇。作為一個現代公民，應該內蘊哪些內在價值、觀念涵養；應該具備哪些知識、技能與實踐能力，成為世界各國在邁入新世紀之後的教育發展主軸，養成具備核心素養的人力培育取向，成為沛然莫之能禦的趨勢（O'sullivan & Burce, 2014）。例如歐盟（European Union, EU）在2002年對於所屬各國在義務教育階段的核心素養教育，所發表的調查報告中指出：「從知識到素養」是各國義務教育階段教材教法改革的方向，在知識急速暴增與資訊科技生活的時代，如何提取、選擇、組織與應用知識的素養，已然比過去純然記憶知識的學習更為重要與必要（Eurydice, 2002）。面對越趨複雜多變的社會生活環境，過去所重視的讀寫算之學科能力，在新世紀的適應與發展的情勢需求下，個體必要、必備的能力，勢必需要加以延

展、升級與進化成為核心素養，才能成功適應社會環境，滿足社會生活需求，進而能有助於國家社會的永續發展。

此一素養導向的課程與教學改革運動，所強調的是學校要能培養出融合知識、技能與情意等質素，而能具體遷移與應用的學生，亦即從過去知識記憶為主學習，轉移到實踐能力取向的學習。事實上，能力導向的教育早在1960、1970年代間即從美國開始倡導，其後漸次展開於全球（Mulder, 2004; Soare, 2015），我國在2000年的課程改革中，也揭櫫了「要培養學生帶著走的能力，不要背不動的書包」的理念。倡導揚棄傳統教學偏重在記憶與背誦的方式，訴求學生學習所得的知識與能力要能遷移、應用到各種不同的情境。在當時所頒布的國民中小學九年一貫課程綱要，即是以培養學生十大基本能力為課程總目標，重視各學習領域與十大基本能力的連結，可說是為當前以發展國民核心素養為主軸的十二年國民基本教育課程綱要奠立了基礎。

隨著這股「學力觀」的變革風潮，在過去十年間，國內教學現場已漸漸產生微妙的變化。從國外引入學習共同體、重理解的課程設計、翻轉教學等等的創新教學取向，乃至本土化的學思達教學、MAPS教學等等模式，均是源起於對傳統教學形式僵化與效果侷限的省思而來。這些新近所倡導的教學策略，係從過去將教師視為教室中的主角，一肩擔負學生學習的責任，要求學生跟隨、記憶與背誦的學習方式，轉而更重視學生在學習歷程中的參與、思考與決定，訴求學生自主學習、表達與行動實踐能力的養成。教學目標強調學生要能將所習得的知識，靈活地遷移轉化，應用在各種不同的情境之中，亦即能將知識活化、轉化為技能，成為有效適應變動不居的環境之工具，最終讓學生成為具備問題解決能力的終身學習者。從2000年九年一貫課程所訴求的基本能力，乃至於當前十二年國民基本教育的核心素養之設定，代表著國家、社會對下一代公民圖像的描繪與期許。

對學校教育工作者而言，面對這項進化版的人力養成重心，如何改變傳統的教學慣性，符應課程教學理念與目標的新思維，勢必需要展開新的學習與新的實踐。尤其，核心素養本質上是在一個不確定的複

雜情境中解決複雜問題的能力，涉及邏輯思維、分析、綜合、推理、演繹、歸納和假設等高階思維能力，而不僅停留於低階的記憶理解階段，也強調個體自主自覺、溝通互動、社會參與的能力（Hoskins & Deakin Crick, 2010），在課堂中如何培養學生養成這些具有高層次水準心智複雜性的能力，是每位中小學教師的使命與挑戰。教師要必須先掌握核心素養的概念，以及核心素養教學的基本原則，才能在完備的知識基礎上，到位地履行課程教學職責。

在培養學生具備核心素養的教育趨勢下，學校總體的課程教學的規劃與實施也面臨新的局勢，學校課程領導的承擔者也必須要有相應相形的角色職責與策略作為（Scott, 2015a）。學校的課程教學體制必須重新拆解、組織，以因應新世紀時代的來臨（Bolstad & Gilbert, 2012）。亦即新課程的實施是一個複雜的過程，需要學校校長及行政部門在課程變革的實施過程中妥善規劃、策略性領導（Stack, 2005），畢竟促進學生核心素養的習得，並非單靠每一間教室裡的教師之教學可以奏功。有效的課程變革與實施是持續性的挑戰，需要時間、成員間的互動、在職培訓及各方人員的參與（Fullan, 1993; Burgess, 2004），以及妥善的計畫、支持環境與配套制度和領導力（Stark, Lowther, Sharp, & Arnold, 1997）。

Hargreaves（2001）指出：學校改進的形式應該從傳統的回應外部要求所進行的機械式改變，轉而朝向重視學校本身的內在因素、條件和需要，發展以學生為本的改進計畫，這種屬於「有機性改變」的模式，將有助於學生在致力提升學生學習成效時，也可強化學校的「改進能量」。因此，在當前著重教師核心素養導向教學能力的養成浪潮中，更需要補強學校層級的課程教學領導動能，讓學校推動素養導向的課程教學運作歷程中，所涉及的各方環節，都能協力共構，以完備培養學生核心素養學習的促發力量，確保十二年國民基本教育目標的體現。

綜上所述，本文將從學校層級的角度，關注在核心素養學習的知識建立、學校推展素養學習改革的要素，以及學校推展素養導向學習的挑戰與因應等課題。茲依序說明如下。

貳 實踐素養導向學習的認識

　　學校教育人員具備課程教學的學理知識是推展新課程的基礎。面對學習重心與學習方法改變的時代，學校在啓動素養導向的課程教學變革任務之初，學校成員應先對核心素養的概念有清楚的認識，並能掌握素養導向學習的特性。本節分別說明核心素養的涵義及素養導向學習的特性與原則。

一　核心素養的涵義

　　核心素養的意義並不容易以簡單的三言兩語做出解釋。經濟合作暨發展組織（OECD）關注於學生閱讀、數學及科學學習表現，在定期進行素養取向的國際學生學習能力評量計畫（PISA）中，係將素養界定爲：素養不只是知識與技能而已，尚包含能符應複雜多變的社會情境需求，融合內蘊的情意、價值涵養及所具備的行爲表現技能，將之遷移、應用在特定的情境中。許多學者也都同意核心素養融合了知識獲得、行爲技能、情意、價值等成分（蔡清田，2014；Jones, 2002; O'sullivan & Burce, 2014; Tönis & Lakerveld, 2014; Soare, 2015）。當個體能因應各種情境或任務中，以知識性的智慧涵養，展現合宜的行爲實踐，有效適應或解決所面對的狀況，可稱是核心素養學習的達致。

　　由此觀之，核心素養的習得是以知識獲得爲基礎，但不能停留在此低階的知識記憶階段，而應進一步融合個人的價值情意，延展至更高階認知目標，而能將知識有效活用與運用於生活情境或工作任務之中。聯合國教育科學文化組織（UNESCO）（2012）指出：認爲在現代社會中，個體所需的技能有三者，一是基礎能力，即是應付日常生活與工作所需的識讀與數量技能，也是接受進階教育訓練、獲得可遷移能力及職業技能的基礎。二是可遷移素養，指爲適應不同工作需求及環境所需具備的廣泛性可遷移的素養，包括「分析問題」，找到適當的解決辦法，有效溝通觀念與訊息，具有創造力，體現出領導能力和責任感，以

及展現創業能力。三是職業素養，是指特定職業所需的專門性能力，各行各業都有專門的技術與技能。因此，核心素養可說是個體在具備各種學門知識的基礎上，進行認知思考的綜合組織與價值判斷，將之遷移、應用與實踐於生活情境與社會職場上的能力。在我國十二年國教總綱中釐訂：自主行動、溝通互動與社會參與等三個面向及九個核心素養項目，在不同教育階段也框定具體的核心素養內涵，亦是呼應國際性的教育脈動。

二 核心素養學習的特性與原則

核心素養是融合知識、情意與技能的組織力與實踐力，在發展學生具備核心素養的教育歷程中，教育人員應體察核心素養學習的特性，並掌握發展學生核心素養的原則，茲說明如下：

(一) 核心素養是跨領域的共通能力

經濟合作暨發展組織（OECD）在2005年「素養的界定與選擇」報告中就指出：素養是一種共通性能力，橫跨貫串於各學科領域之中，並非僅存於特定的學科之內（林永豐，2017）。畢竟社會變動不居、生活情境變異快速，職場人力也愈趨向非結構化任務的挑戰。褚宏啟（2016）也表示：既以國民核心素養為名，意味著這是新世紀每一國民所應具備的關鍵的、少數的高級能力。因此，核心素養的面向在精不在多，其內涵統攝、交融了知識理解、情意趨向與知能展現等成分，應用在學科學習的過程、真實問題解決與職場就業情境之中。在實際的生活問題情境或工作任務中，個體必須運用整合性、非單一學科的智識與能力，才能有效的解決問題或完成任務。因此，儘管現行課程仍偏重分科或分領域的樣態進行，我們應該在每一學科的課堂教學中，讓學生有應用學科知能，練習與發展共通能力的學習機會，也要安排學生跨領域的、真實性的、實作性的統整性學習活動，以砥礪與深化學生核心素養的成熟度。也因此，學校校訂課程中的跨領域主題課程規劃與實踐、議

題式課程設計與實施就顯得相當重要。

(二) 核心素養的養成是漸進式的歷程

核心素養的培養需要時間，並非在短時間可以養成，更需要循序漸進的推升。核心素養的發展是一段長時間的過程，不同學生的核心素養發展階段固然不同，且隨著學生核心素養的發展，課室裡的課程教學的實施樣態，也必須不斷推進，以符應素養發展所需的進階性學習情境。在發展學生素養過程中，學習素養的責任是由教師漸次轉移到學生身上，從最初的教師主導的素養導向教學，轉化為學生主體的素養導向學習，體現核心素養教學的最終目標，乃在於培養學生能主動運用所需核心素養而成為自主學習者。

因此，核心素養的發展是漸進、持續的過程。調整傳統偏向靜態、制式、單向的被動式教學方式，朝向更靈活、更有智慧，給學生帶來更多的挑戰性、激勵性、應用實作式的學習活動，將更有助於核心素養學習理念的實踐。

(三) 核心素養的強調具有修己善群的意涵

核心素養的強調也意味著學生必須從過去是知識消費者的角色朝向知識生產者的方向轉換（Scott, 2015a）。學校必須重視學生自我的社會功能與責任。個體素養的達成，不僅有助於自我滿足所需與所願的成功性社會生活，同時也將有利於社會的整體永續發展。不論是個體之小我方面的健康、安全、就業、參與社會活動需求，以及整體社會之大我方面的經濟發展、民主運作、社會正義與凝聚力、永續環境等需求（OECD, 2005）。此外，素養的習得並不單獨來自於學校教育，個體亦能從家庭、同儕群體、大眾媒體、宗教教育、政治組織等非正式學習中，發展其個人認知、社會性素養（Eurydice, 2002）。亦即學生也能透過整體的、真實的教育大環境中發展與促成核心素養的習得。

(四) 核心學科知識習得與核心素養發展的並重

技能和知識並不是分開的，而是相互交織在一起，在應用與問題解決情境中同等重要，缺一不可（Rotherham & Willingham, 2009）。戴爾電腦執行長Michael Dell也指出：語文、數學與科學是學生學習成就的根基，但是要在全球化經濟局勢的競爭中脫穎而出，當今的學生與明日領導者需要具備另外的知識與技能，亦即需要全球意識的覺察、團隊、溝通、慎思明辨、創新，以及分析、解決問題能力。在此，學校應扮演實現此一任務的重要角色，以確保每位孩子都有習得精熟這些技能的機會（NEA, 2010）。此外，核心素養的習得並非靠單一學科或學習領域可以完整達成。而是要在各個學科中協力養成，必須整合學科知識與現場經驗。因此，重視核心素養並非是降低或貶抑學科知識的地位，核心素養需要以基礎學科知識為基礎，而將之統整、應用於真實的任務情境中，彼此是相生相應、接續連帶的關係。

(五) 情意層面的是素養發展的核心

素養並不單純是一種能力，更內蘊著情意態度的行為指向或實踐導向的行為能力。核心素養表現在：能判斷會選擇、能理解與反思、能包容與合作、能自律與自主等四個層面。其中情意態度主導個體素養行為的歸趨與方向。任何行為背後都有情意價值的偏好。個體的外在行為表現，事實上也反映了個體內在的價值情意，亦即要表現何種行為、要以何種方式採取行動，是個體價值性判斷選擇的結果。素養表現與人格特質、情緒智能息息相關。外顯可觀察的行為是由內在的動機、價值、理念、意識，乃至無意識的特質（unconscious disposition）所引導（Boyatzis, 2008）。褚宏啟（2016）也以「素養＝（知識＋技能）態度」的公式，表明情意態度居於素養表現的關鍵核心地位。亦即態度是用乘數來擴展知識與技能的效用。若態度為正向，知識與技能皆會產生正面的擴大效應；若態度為負向，知識與技能皆會產生更大的負面效果。因此，在養成學生核心素養的過程中，對於學生的價值情操關注與

導引必須是持續的要務。

(六) 在眞實或擬眞情境下發展核心素養

任何課程均應與學生生活有所關聯，才能產生最佳的學習效果，學習活動應該與學生經驗與眞實世界問題連結，讓學生有探究與應用的學習機會（Mansilla & Jackson, 2011; Saavedra & Opfer, 2012）。亦即核心素養導向的學習，應是在眞實有意義性的學習情境，讓學生可以自然的方式體驗所要學習的核心素養與生活情境之間的關聯、應用價值與意義（Soare, 2015）。因此素養導向的學習除了在個別學科學習重視生活關聯與實際應用外，更適合以跨領域、科際科技整合的方式進行。畢竟個體為有效適應各種眞實情境或解決各種生活問題，所需具備的能力，通常不是單一學科能力的應用，而更可能是融合與統整多學科能力而來。

(七) 核心素養的習得是個別、差異化的學習歷程

核心素養必須有清楚的界定與標準化的學習結果設定，以及個別化的學習歷程。過去注重工廠式齊一產品的學校教育模式已然到了必須改變的時候（Davidson, Goldberg, & Jones, 2009）。素養取向的學習是重視學習者本身將所獲取的訊息、知識、策略等等加以意義化整合，以發展與建構自身素養的歷程。因此，核心素養的習得並不強調統一性的制式要求，而是要去關注學生素養發展狀況的個別差異。教師除了要安排讓學生在富有挑戰、激發性的學習情境，讓學生能綜合所處情境中的特性、人們與自我興趣，進行分析、判斷與統整，也須關注到學生素養行為表現的個別發展層次與風格取向的差異，不宜要求學生素養習得表現的一致性。

(八) 合作、省思與實踐是核心素養養成的媒介

在素養發展的過程中，所強調的是在眞實或擬眞情境、群體交流對話與互動、善用五官進行觀察、籌謀、省思、演練與實踐行動。核心

素養取向的學習重視學生能在相善而觀之的社會互動情境中，透過切磋交流、對話討論而能建構個體的素養（Leadbeater, 2008）。在學習過程中，師生之間、同儕之間的共同研擬計畫、任務實作、經驗分享、想法交流等等社會性建構歷程，都是發展學習者素養的重要支柱。此外，個體的知識的獲得、行為技能的習得與態度情意的內化，都必須藉由思考進行媒介、催化與促進。省思力可以說是核心素養的核心（OECD, 2005）。單傳靠教師單方面的知識傳授，學生並不容易將之轉化為素養。核心素養導向的學習必須重視學習者在學習過程對自我的需求、動機、方式、進步情形及結果等等的反省，這也是一種學習如何學習的能力養成，經由省思性學習，發展學生自我評估機制，鼓勵學生進行自我內在素養的評估與省思，也是不可忽視的作法。

(九) 核心素養的習得需要採取學生中心取向

雖然大多數的教師對學生中心取向的教學並不陌生，在實際教學方法的選擇卻常傾向教師中心教學。素養導向學習需調整此等教學慣性，強調學生中心的學習方式，教學實踐必須讓學生體認並熟悉自己必須承擔學習的責任（Scott, 2015b）。心理動作技能（規劃、組織、實踐）方面，要讓學生有不斷模擬練習的經驗、實際應用的機會，並適時加以指導，對心智技能發展狀態的評估也需要確切設計。在情意方面，應對不同價值觀念加以討論、澄清，重視行為實踐背後所蘊涵的品格態度。在認知發展方面，要設計學生探究、問題解決的應用性個案研究，或引發學生間的討論、論辯問題情境，讓學生能運用心智進行思考、判斷與決定，透過探究歷程、組織觀念與表達想法，避免直接給予答案，讓學生有嘗試找出最適當策略進行問題解決的機會。例如：專題探究必須允許學生主動發想、提案，進行合作，解決真實問題，並與社區接觸，才能順利進行（Rotherham & Willingham, 2009）。

(十) 核心素養的習得講究學習情境的營造

學習者的知識或素養的習得，並不應靠被動的接收式學習，而是應

該重視發現取向的學習情境之營造。學生在學習過程中不只是觀察、聆聽與省思，更重要的是，要有合宜的情境編排使之能有實作演練的機會，讓學習者去進行知識的探究與應用。

學習情境的編排與學習氛圍的營造，並非純粹靠課堂裡的師生互動歷程可以單獨奏功。也需要整體學習情境的搭配，讓學生能夠處在具有探索、互動機會的學習情境，沉浸在有意義、有秩序、友善溫暖與接納的學習氛圍中，更是需要同時關注的要素，以讓教室情境、班級氣氛也能成為學生核心素養發展的正向動力。學生五官所直接體驗、感受到的物理環境屬性與社會情境特質知覺，對核心素養的發展不容小覷，教師也需要成為學生核心素養學習的楷模，在與學生交感互動的學習過程中，抱持開放心胸，勇於改變與樂於分享的特質。

參 學校推展素養導向課程教學的策略規劃

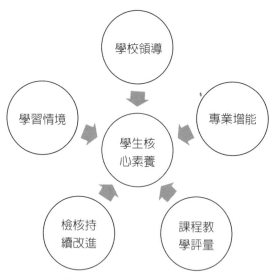

圖1 學校層級推展素養導向學習的層面

推動核心素養導向的新課程必須植基於每個學校的現況出發，亦即每所學校的發展現況並不一致。且學校或多或少已累積了培養學生核

心素養的基礎，校內教師對於學生的素養養成策略，可能存有很多的想法或可行的策略。因此，學校應了解校內所隱藏的能量與資源，肯定並善用現場教師的想法與點子，導向培育學生核心素養的任務（Aho, Pitkänen, & Sahlberg, 2006b）。

　　學校為體現十二年國民教育理念，推展核心素養導向的課程教學，必須以清晰、可行的實施藍圖，在目的的前引下，以學校現況體察與條件盤點為基礎，釐訂素養導向學習的願景與目標，並結合學校領導的能量、成員的專業增能、課程教學與評量的運作、學習情境的安排，以及導入檢核機制以持續改進等各方要素，發展出優先可行的策略方案。根據前述素養導向課程教學的實踐要點，以及美國培養二十一世紀能力的實施指南建議（Partnership for 21st century skills, 2009），學校在推進素養導向課程教學的變革時，所涉及的環節包括學校領導、專業增能、課程教學與評量、學習情境及持續改進機制等要素。相關要素的組織可以上圖表示。茲分別說明如下。

一　專業基礎的學校領導力

　　學校領導是啟動課程教學變革的關鍵力量。校長如何喚起與內化學校成員的變革關注，並帶動與維繫成員的共同性行動，攸關素養導向學習變革的成敗。因此，推動核心素養導向的教學變革，需要優質領導力，這種優質領導力是以專業知能為基礎。專業知能之一是：領導者必須比校內其他同仁，先期掌握核心素養的意義與目的，了解素養取向學習的樣態與方法；專業知能之二是：具備學校素養導向課程發展的涵養。從課程發展理念的確立、課程架構組織的效能、教學與評量策略的相應及人力增能激勵與資源配套，在在考驗著校長是否具備適足的課程知識涵養。尤其，每一所學校的內外在條件與發展現況不同，學校所規劃的總體課程，如何能滿足在地學生的需求，以及面對素養導向的教學變革，學校如何引燃校內教師持續精進的動能，校長不僅需要審慎籌謀，更需要厚實的課程知能，才能確實發揮專業領導力。

二　成員的專業增能

　　教室裡的教學品質決定學生素養學習的品質。因此,教師要具備素養的教學素養,才能有效引導學生發展學習素養。素養導向教學是一種創新性的教學方式,這種教學變革對教師或學校而言,都是一種學習歷程,新取向的課程教學在學校現場實施之前,相關人員必須對課程教學有清楚的認識,教師也必須重新界定自己的角色(Sahlberg, 2006a; Scott, 2015b)。畢竟教師的專業素質是影響素養導向學習成效的關鍵(Rotherham & Willingham, 2009; Kabita & Ji, 2017)。學校應避免將課程視為純粹的技術取向,關注於要如何設計與實施素養導向的教學而已。學校成員應對於為何要推展核心素養導向的教學,有清楚的理解。畢竟,具備課程變革的知識並不保證實施的成功,但是沒有對新課程的了解則注定失敗(Sahlberg, 2006b)。因此,在推展核心素養教學過程中必須關注於成員的學習,透過同儕間共同備課,討論課程設計、教學策略與評量方法,切磋教學經驗,交換學生學習表現的心得,形塑出協力合作的學習團體,是實施過程中很重要的機制。教師之間的協力共備是推動素養導向學習的寶貴資源。學校社群的運作甚至可以進一步與外校結盟(Rotherham & Willingham, 2009)。

三　課程教學與評量的運作

(一) 講究學科課程與跨學科領域課程的組織共構

　　核心素養既是屬於橫跨各學科的共通能力,學校裡不論是部定的領域課程或校訂的跨領域主題課程,均需承載發展學生素養的功能。學校應致力於讓學生在各個不同學習內容領域中發展與應用核心素養的機會(Scott, 2015b)。在課程綱要中對於課程學習重點,就以學習表現與學習內容兩向度交織構建,即是表示在領域課程學習,必須將核心素養項目貫串於學習內容之中。因此,學校課程的內容將從過去僅注重學科知識的習得,漸次融入核心素養的元素,最終每一年級與每一學科能發展

出學科知識與素養技能的整合性課程手冊，以指引教師如何兼顧課程學科知識與素養技能的教學實務。

(二) 朝向學生主體覺察與學習中心取向的教學

Saavedra和Opfer（2012）指出：學生素養的發展需要明確的教學。素養導向教學是強調在師生交感互動的學習情境中，教師必須逐漸揚棄傳統教導、灌輸、講述式的單向講授式的教學方式，而逐漸增加學生在教室歷程中的主動性與參與程度，讓教室裡的教師的教學行為慢慢變少，而學生的主動學習成分漸次增加。最終教師係扮演引導者與輔助者，而非帶領學生學習的主事者，而能養成學生獨立學習的能力。教師教學的關注點也要從以往僅重視學科知識的精熟程度，漸漸重視在教室歷程中，學生素養能力的發展狀況。教師必須扮演知識的促進者、讓學生自主學習的指導教練，而非全知全能的答案提供者。因此，教師應營造或設計讓學生自主探究與獨立問題解決的空間，在課堂中，透過師生或學生同儕間的互動，使學生對訊息有分析、批判與統整表達的能力，養成學生在思考中學習、在學習中思考的習慣。

(三) 形成性評量的頻度與重要性更甚於總結性評量

對學生學習來說，學習過程所需要的技能，如：思考、探究、溝通、合作與獨立學習能力，和所學習的學科知識、概念等同屬重要。針對學生的學習技能與學科知識習得情形的評量，就應採取不同的評估模式對學生的學習效果進行評估。例如：以檢核表評估學生溝通表達的能力，以展演表現計分表評核學生的規劃與組織能力，擔任評量者除教師外，也注重學生自評及同儕互評的方式（Facer, 2011）。要留意的是，過去注重總結性評量，關注於學生學科知識的成就情形，而忽視評量能為學生學習帶來回饋校正、策勵調整的過程性功能。但素養導向的學習，必須力求在「促進學習的評估」和「對學習的評估」兩者之間取得平衡。甚至要更重視促進學生學習的評量——形成性評量。學習方法、態度的策進，需要教師在教學過程中重視與應用持續性的形成性評

量策略，經由了解與回饋，促進學生學習能力的進展（Scott, 2015a）。

以國語科教學為例，在教學歷程中，有關摘取大意的練習、課文賞析的對話討論、文章啟思的解析與創思、體裁架構的解析判斷、素材學後的實際應用，除學科內容外，更涵蓋了學習如何學習之素養的學習，教師必須關注學生相關素養的發展情形，運用各種形成性評量策略（如觀察、提問）來察覺與促進學生學習素養的發展。

四　學習情境的營造

學習情境包括有形的物理情境、作息制度、課程結構及無形的心理社會氛圍。重新考量學校中的物理環境、空間規劃與設備及資訊互動網絡環境，以營造更具彈性，更能方便學生之互動、交流、分享與切磋的社會情境。在課程結構方面，學校也可釋出單元空間與學習時間，讓學生可以有自主進行專題探究學習的機會。而在學校作息行事次序與所編配的時間長度，也應重新檢討調配，以有利於學生的情緒穩定、生理安全感之增進。在小型學校中，更可以細緻地為每位學生規劃個別化的素養發展培育計畫。學校也應基於公義、關懷與民主的核心價值，營造親師生等各利害關係人之間緊密、正向的依存關係，讓學生在溫暖有序的潛在情境薰陶下，有利其情意態度的培養。

五　持續改進的檢核機制

素養導向的教學所重視的是學生學到什麼，有多透徹？而非教師已經教過了什麼。必須重視學生在真實情境中的能力表現品質，傳統的紙筆評量並不足以確切了解學生的專業能力發展狀況。且在學習如何實施素養導向教學的過程中，必須建立成效評核的文化。從學生素養發展情形的評量表現，蒐集相關資料加以分析，研提下一步的行動方案，以策進學生素養的發展。此外，學校也需要有專業支持，當學校在規劃核心素養導向的教學，乃至校訂課程規劃等問題，遇到困難時可以獲得諮詢與輔導，並協助學校建立完善的課程政策，展現學校效能與學校改進。

學校推展素養導向學習的挑戰與因應

　　課程學者Pratt（1994）曾戲稱改革課程甚至比遷移一座墳墓還要困難。此乃意味著學校朝向素養導向學習的變革之路仍有諸多挑戰，需要去面對與因應。學校推展素養導向學習的挑戰與因應可說明如下：

一　學校教學文化的轉型變革

　　素養導向的學習策略強調教師應提供更多真實性的學習機會，讓孩子可以自主探究進行學習。Gilbert（2005）指出：要使所有學生有機會對現實世界的問題採取行動，需要有新的課程架構和教學方法。傳統的教學是要學生精熟所有課程的內容，而今是要重視學生應用課程所得概念的能力（Hipkins, 2005）。

　　這種要改變以往教師中心的教學方式，而朝向學生中心取向的學習方式，牽涉到課程、評量、學習環境及教師角色等等的變革（Grayson, 2014）。事實上這種轉變並不容易，需要逐步小規模的調整。對教師而言，逐步釋出學生可參與課程的空間是可行的。Beane（2006）認為有許多不同的方式將學生的聲音融入到課堂上。例如：學生決定要使用什麼資源，或協助設計形成性評估，其後甚至可以由學生在一開始參與、共同建構學習主題。對學生而言，改變學生在學習歷程中的被動角色要從過去被宰制、規約的學習藩籬中解構，倏忽將學習的主導權交至學生的手中，學生亦可能會顯現出躊躇、不知所措的境地。因此，學校領導人對於教師的課程備課與計畫編寫，應給予課程發展專業上的指引與支持，允許教師有更多的彈性，在規劃安排來年的課程時，不需要事先完整編訂，讓師生有共同建構課程的機會，讓學生的興趣、關注及當下的生活事件，可以有納入課程的空間，以進行更真實、更有深度的學習活動。

二　專注於素養導向學習課程之專業規劃能力

　　對基層學校而言，規劃並實施素養導向學習的課程教學是充滿智慧與挑戰性的，個別學校是否有足夠的專業與動能去承擔發展校本之素養導向學習的課程，亦是值得關注的課題。如同Boyd和Watson（2006）在檢視紐西蘭六所小學的核心素養課程規劃與教學實踐之經驗，有感而發地指出：國家一方面重視學生的學業成就，對於學校語文數理的課程績效有嚴謹的要求，又要規範各式各樣的學校課程發展任務，使得學校的課程擁擠不堪，或是混亂失去章法。在我國目前中小學要能集中心力專注於素養導向學習的課程實踐，其條件似乎更為嚴苛，處境似乎更為艱鉅。

　　在科層官僚體系中，學校是屬於教育行政體系的基層單位，學校需要被指揮、要求與配合行政交辦與宣導事項。奉上級公文指示，執行教育政策成為學校運作的常態。握有學校運作所需資源，牽動學校發展重心的學校行政主事者，也因此，重視行政制度的維繫與績效考評的穩當，對於課程教學專業的著力程度自然就相當有限。在行政管理意識主導下，課程教學但求穩健正常、合乎課程政策規定為主。當學校看待全校課程計畫是採取這種僵化性的慣常思維，對素養導向課程的本質未能確切掌握，也無暇充實與砥礪課程教學專業綢繆的智慧與能力，不論部定或校訂課程的規劃就會淪為技術性的操作，而使素養導向學習所需的課程與教學設計與實施只能達到形式交差的局面。

　　此外，核心素養學習的推動策略很可能因學校課程教學發展狀況與學校學習文化的脈絡而定，並沒有齊一的推進作法。學校甚至需要與大學、社會機構、社區、家庭及鄰近學校建立夥伴關係，以共同協力規劃（Grayson, 2014）。因此，學校課程領導者需要先具備課程教學的專業素養，學校必須建立課程發展與教學設計的原則，對核心素養的意義解讀與表現層次有確切的掌握，在課程目標與教材選編有合宜的權衡取捨與正確判斷，在課程實施歷程中所需的支持倡導與學習情境營造有所體現，才能確保在規劃的素養導向的課程教學不至於偏失，在發展學生素

養學習的實踐歷程中，不至於限於表面操作。

三　發展合宜的學生素養導向學習表現評估工具

　　要確保所有中小學生在受教育階段都能獲得有利其核心素養的發展機會，除了課程與教學方案必須完善制定，以及重視教師的增能培訓外，更需要新的評量策略，可以準確地測量更豐富的學習和更複雜的任務。過去的素養學習較重視課程規劃與教學設計的方法與技術，而今可供學校及教師的素養評估工具也開始獲得重視（Boyd & Watson, 2006; Rotherham & Willingham, 2009）。課室中的素養學習情形有賴教師在教學歷程中善用形成性與總結性評量，以激勵與檢核學生學習狀況。兼顧學生核心學科學習成就及核心素養發展的評量，顯得愈來愈重要（Scott, 2015b）。

　　雖然學生素養的表現評量開始受到重視，但如何評估這些素養的努力還處於起步階段。教育在發展規模化這些評估的能力方面，面臨著巨大的挑戰（Rotherham & Willingham, 2009; Grayson, 2014）。可能的評量方式包括：結合標準化測驗、E化評量、態度問卷、實作評量、同儕及自我評量等等方式（Grayson, 2014），或在真實情境與任務下，透過檔案形式的自我評量、觀察表現（Boyd & Watson, 2006），以對學生素養的學習情形有全貌性的了解。當然注重並發展素養評量方法並非要放棄或貶低學科成就評量的重要性，而是要以更全面與整體性的評量思維，將在現行學科知識評量能與素養能力評量的比重取得平衡（Soland, Hamilton, & Stecher, 2013; Scott, 2015b）。

　　美國亞利桑那州的Catalina Foothills學區各校在學生素養學習的推展歷程中，除了先界定關鍵素養的內涵及進行課程規劃與教學單元設計外，便非常重視各種素養發展程度的評核指標與評估體制的建立。且各校教師在專業組織的協助下，參與並建立班級學科教學之素養評估指標的開發任務，習得如何對學生素養表現進行評測（CFSD, 2015）。

四　主題統整式課程與學習的迷思與實踐

過去在九年一貫課程綱要中已有重視主題統整課程的設計與實施，然而現場的操作似乎並未到位，盛行的作法是將既有的教科書重新組合拼湊後，照表上課。由於理念不清、方法不變，課程的實施仍然以教師教學為主而非以學生學習為主的方式進行，自然效果不彰，以致主題統整課程被譏為「捅老師、整學生」的課程，或者只能繳交上去備查的課程計畫，而非實際可教的課程。統整課程可說是被曲解與汙名化。事實上，所謂的核心素養就是因應個人在工作和日常生活中遇到的複雜需求和挑戰而生（Rychen & Salganik, 2003）。而主題統整課程若能正確地認識、規劃設計與實施，將有助於發展學生高層認知思考、培養主動學習的態度與養成問題解決能力，正與當前十二年國民基本教育的核心素養的面向不謀而合。

因此，要賦予學生發展核心素養學習經驗，學校必須擺脫既定的教科書的框架，擺脫過去對主題統整課程的偏狹觀念，重新認識與肯定主題統整課程的意義與價值。致力於在學生真實世界的情境中，規劃與設計全真式的主題統整課程，讓學生能夠對自己的需求、發展水平和或社會關心的實際項目採取行動；允許學生選擇有趣的、相關的、有吸引力的題材，去進行有挑戰或有智慧的探究式學習機會。

例如：讓學生有機會研究當地觀光資源，並向當地社區發展協會或議會提交改善意見；為學校的樹木落葉處理問題，進行研究與解決；或者發起一項援助海外資源匱乏的學校的募集計畫；策畫學校年度的科學展覽活動等等，這種將學生視為課程的主角的進行方式，讓學生學習如何實作，或在實作中學習；或在真實的情境學習，這些方式在在需要學校教育人員對主題統整式課程有新的體認與作為。

五　建構學校推進素養導向學習的檢核機制

課程教學的運作品質必須藉由有系統、有規劃的方式進行評估，且不同課程發展的層級承擔不同的評鑑任務（IBE-UNESCO, 2015）。

就學校層級而言，則須採取有系統、有規劃的自我評估與監控作為，以對整體學校的素養導向學習的推展情形有所掌握與並據以持續策進（Grayson, 2014）。亦即學校需要有清楚的發展指標以指引學校對素養導向學習的達成程度有所掌握，而能對教師增能需求、課程行政運作的品質促進，能基於清晰正確的資訊而驅動決策。許多學者紛紛指出：素養導向的課程設計著重在素養目標的組織架構與內涵的成分解析，在教學策略與課程成效評估方面，卻未進行細緻的或深入的討論與梳理，如Andronache、Boco和Neculau（2015）；Soare（2015）；Srisakda、Sujiva和Pasiphol（2016）。邁向更成熟的素養導向課程教學實踐，需要在課程發展與組織、行政支援運作、教師專業增能、教師課室教學行為、教科書選用等等方面，建構品質發展指標，以利學校作為自我檢核工具，指引學校在推進素養學習的過程中，掌握確切進展情形，及時採取必要的興革作為。

例如非洲肯亞在聯合國教科文組織國際教育署（IBE-UNESCO, 2015）的協助下，所推動素養導向的課程改革經驗，就發展了素養導向教學設計與學習歷程檢核指標，以及素養導向的教科書檢核指標（David Njeng'ere Kabita, 2017）。對於如何發展與改進教師課室教學行為能朝向學生素養之養成，或如何選用、編採合宜、有利於發展學生素養的教材，或如何進行課室觀課、議課等增能活動與資源需求考量，也提供了具有參考價值的指引。

伍 結語

面對快速變遷的社會與多元複雜的環境，培育下一代的國民具備關鍵的素養，有效適應生活情境，成為社會整體結構中有生產力、有貢獻性的一分子，是國際間共同的教育目標，也成為當前學校教育的第一要務。這種人才培育重心的新思維，不啻將知識的意義重新界定，真正的知識已不再是靜態、記憶的表面事實，而是要能適應複雜多變的環境的

複雜性知識與能力。也因此，我們也須對學生如何學習注入更創新與更靈活的新觀點。

素養導向的學習成效之達致，除了關注在課室層級的教學實踐外，更需要在學校整體情境下，進行策略性的籌謀推進。學校人員面對這項以素養取向學習取代傳統事實知識傳授的課程改革新任務，應該先以完備的專業知識為起點，確實了解核心素養的意涵，以及素養導向學習的特性與原則，才能在紮實的基礎上推進。整體學校的學校領導能量、成員的專業增能、課程教學與評量的運作、學習情境的安排，以及持續改進的機制等層面，需要有系統的協力搭配，才能確保學生素養導向學習的成就品質。

任何的課程改革總是需要持續性、累積性地進行，不可能一步到位。在推進學生素養學習的改革歷程中，除了中央、地方、學校與教室等課程改革任務層級的支持投入與各方利害關係人的參與協力外，更需要面對各種可能的挑戰與壓力。核心導向的學習，至少需承受到學校教學文化的轉型變革、學校專注於素養導向學習課程之專業規劃能力、發展合宜的學生素養導向學習表現評估工具、釐清主題統整式課程與學習的迷思與實踐、建構學校推進素養導向學習的檢核機制等五項挑戰。面對這些挑戰，在在需要正確的理念與務實的操作，配隨時間的催化而趨於完善。

總之，素養導向的學習關係到下一世代個體的生活福祉，以及國家社會未來的競爭力。學校在體察這股課程教學變革的新趨勢與新典範之後，必須要以充分的認識與正向的態度，整合與發揮群體的團隊協作力量，建置與實踐各項興革性的機制與措施，務實耕耘，必將可以進化學生學習表現的風貌。當然，改變的歷程不會是順遂的坦途，也正因要破除風阻前進，才可以讓我們的教育期待躍升成真。現在，航向素養學習的目的地已經定位了，讓我們攜手同行吧！

參 考 文 獻

林永豐。（2017）核心素養的課程教學轉化與設計。教育研究月刊，**275**，4-17。

褚宏啓（2016）。核心素養的國際視野與中國立場──21世紀中國的國民素質提升與教育目標轉型。教育研究，**11**。

蔡清田（2014）。核心素養：十二年國教課程改革的**DNA**。臺北市：高等教育。

Aho, E., Pitkänen, K., & Sahlberg, P. (2006) *Policy development and reform principles of basic and secondary education in Finland since 1968.* Washington, DC: World Bank.

Andronache, D., Boco, M., & Neculau, B. C. (2015). The systemic-interactionist model to design a competency-based curriculum. *Procedia - Social and Behavioral Sciences 180,* 715-721.

Beane, J. (2006). *From rhetoric to reality: Bringing the key competencies to school. Paper presented at the NZCER seminar series*, Westbrook House, Wellington, 21 September.

Bolstad, R., & Gilbert, J. (2012). *Supporting future-oriented learning & teaching — a New Zealand perspective.* Report to the Ministry of Education.

Boyatzis R. E. (2008). Competencies in the 21st century. *Journal of Management Development, 25*(7), 5-12.

Boyd, S., & Watson, V. (2006). *Shifting the Frame: Exploring Integration of the Key Competencies at Six Normal Schools.* Wellington: New Zealand Council for Educational Research.

Burgess, H. (2004). Redesigning the Curriculum for Social Work Education: Complexity, Conformity, Chaos, Creativity, Collaboration? *Social Work Education, 23*(2), 163-183.

CFSD (2015). *CFSD P21 Case Study/Story 3. How is the Catalina Foothills School District succeeding as a 21st century learning environment.*

David Njeng'ere Kabita, L. J. (2017). *The Why, What and How of Competency-Based Curriculum Reforms: The Kenyan Experience.* IBE UNESCO.

Davidson, C. N. and Goldberg, D. T. with the assistance of Jones, Z. M. (2009). *The Future of Learning Institutions in a Digital Age.* MacArthur Foundation Reports on Digital Media and Learning. Cambridge, Mass: MIT Press.

Eurydice (2002). *Key Competencies: A Developing Concept in General Compulsory Education.* Retrieved from http://www.eurydice.org

Facer, K. (2011). *Learning Futures: Education, Technology and Social Change*. New York: Routledge.

Fullan, M. (1993). *Change Forces: Probing the Depths of Educational Reform*. London: Falmer Press.

Fullan, M. (2005). *Leadership and sustainability. System thinkers in action*. Thousand Oaks, CA: Corwin Press.

Gilbert, J. (2005). *Catching the knowledge wave? The knowledge society and the future of education*. Wellington: NZCER Press.

Grayson, H. (2014). *Key Competence Development in School Education in Europe. KeyCoNet's Review of the Literature: A Summary*. Brussels: European Schoolnet.

Hargreaves, D. (2001). A capital theory of school effectiveness and improvement. *British Educational Research Journal, 27*(4), 487-503.

Hipkins, R. (2005). Thinking about the key competencies in the light of the intention to foster lifelong learning, set: *Research Information for Teachers, 3*, 36-38.

Hoskins, B., & Deakin Crick, R. (2010) Competences for learning to learn and active citizenship: different currencies or two sides of the same coin? *European Journal of Education, 45* (1), 121-137.

Hoskins B., Deakin Crick, R., (2010) Competences for learning to learn and active citizenship: different currencies or two sides of the same coin? *European Journal of education, 45*,(1), Part II, 121-138.

IBE-UNESCO (2015). *What Makes a Good Quality Curriculum? In-Progress Reflections, 2*. Geneva, Switzerland, IBE-UNESCO.

Jones A. E. (2002).eds. *Defining and Assessing Learning: Exploring Competency-Based Initiatives*. Council of the National Postsecondary Education Cooperative Working Group on Competency-Based Initiatives. Washington, DC.

Kabita, D. N., & Ji, L. (2017). The Why, What and How of Competency-Based Curriculum Reforms: The Kenyan Experience. UNESCO. Paris.

Leadbeater, C. (2008). *We think: Mass innovation, not mass production*. London, UK: Profile.

Mansilla, V. B., & Jackson, A. (2011). *Global Competence: Preparing Our Youth to Engage the World*. New York, Asia Society. http://asiasociety.org/files/book-globalcompetence.pdf

Mulder, M. (2004). *Competence based performance. On training and development in the agri- food complex.*Wagenngen: Wagenngen University.

National Education Association (2010). *Preparing 21st Century Students for a Global Society: An Educator's Guide to the "Four Cs".* Retrieves from http://www.nea.org/assets/docs/A-Guide-to-Four-Cs.pdf

OECD (2005). The Definition and Selection of Key Competencies: Executive Summary. Retrieve from https://www.oecd.org/pisa/35070367.pdf

O'sullivan, N., & Burce, A. (2014). Teaching and learning in competency-based education. The Fifth International Conference on e-Learning (eLearning-2014), 22-23 September 2014, Belgrade, Serbia.

Partnership for 21st century skills (2009). The MILE Guide. Milestones for improving learning & education. Retrieves from http://www.p21.org

Patterson, J. and Czajkowski, T. (1979) Implementation: neglected phase in curriculum change. *Educational Leadership, 37,* 204-206.

Pratt, D. (1994). *Curriculum planning: A handbook for professionals.* Fort Worth, TX: Harcourt Brace.

Rotherham, A., & Willingham, D. (2009). 21st Century Skills: The Challenges Ahead. *Educational Leadership , 67*(1), 16-21.

Rychen, D., & Salganik, L. (2003). A holistic model of competence. In D. Rychen & L. Salganik (Eds.), *Key competencies for a successful life and a well-functioning society* (pp.41-62). Cambridge, MA: Hogrefe and Huber.

Saavedra, A., & Opfer, V. (2012). *Teaching and Learning 21st Century Skills: Lessons from the Learning Sciences.* A Global Cities Education Network Report. New York, Asia Society. http://asiasociety.org/files/rand-0512report.pdf

Sahlberg, P. (2006a). Curriculum change as learning. In search of better implementation. In P. Sahlberg (Ed.), *Curriculum reform and implementation in the 21st century: Policies, perspectives and implementation.*

Sahlberg, P. (2006b) Education reform for raising economic competitiveness. *Journal of Educational Change, 7*(3), pages not available.

Scott, C. L. (2015a). *The Futures of Learning 1: Why must learning content and methods change in the 21st century?* UNESCO Education Research and Foresight, Paris. [ERF Working Papers Series, No. 13].

Scott, C. L. (2015b). *The Futures of Learning 3: What kind of pedagogies for the 21st century?* UNESCO Education Research and Foresight, Paris. [ERF Working Papers Series, No. 15].

Soare, E. (2015). Perspectives on designing the competence based curriculum. *Procedia - Social and Behavioral Sciences, 180,* 972-977.

Soland, J., Hamilton, L. S., & Stecher, B. M. (2013). *Measuring 21st-century competencies: Guidance for educators*. New York: Asia Society.

Srisakda, B., Sujiva, S., & Pasiphol, S. (2016). Development of indicators of learner's key competencies based on the basic education core curriculum. *Procedia - Social and Behavioral Sciences. 217*, 239-248.

Stack, E. (2005). Foreword by the Chief Inspector. *An Evaluation of Curriculum Implementation in Primary Schools.* Department of Education and Science, Dublin.

Stark, J. S., Lowther, M. A., Sharp, S., & Arnold, G. L. (1997). *Program-Level Curriculum Planning: An Exploration of Faculty Perspectives on Two Different Campuses.* Research in Higher Education, *38*(1), 99-130.

Tönis, Ingeborg & Lakerveld, Jaap van (2014). *Feedback report regarding: The Professional Competencies of a European* Psychotherapist

UNESCO (2012). *Youth and Skills: Putting education to work.* EFA Global Monitoring Report 2012. Paris, UNESCO.

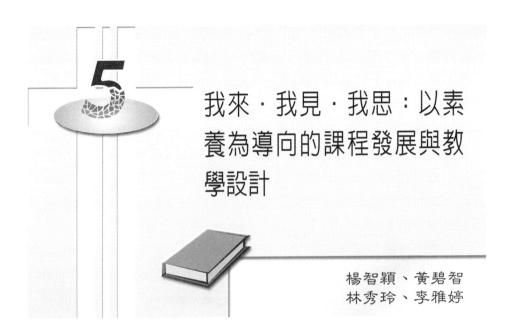

我來・我見・我思：以素養為導向的課程發展與教學設計

楊智穎、黃碧智
林秀玲、李雅婷

壹 緒論

　　回顧歷年各個新國定課程方案的產生，通常都會提出一些「嶄新」的課程概念或思維，例如2000年的九年一貫課程時期，主要發展出能力指標、統整課程和校本課程等概念，而108學年度實施的十二國教新課綱，本文稱此階段的課程改革為後九年一貫課程時期，其主要推出以「素養」為導向的課程與教學。近年在官方積極推動下，「素養」幾乎已成為當前教育改革的主流論述，只不過從官方所建構的「素養」，到課室中「素養」導向的課程設計與教學實施，其是否如實反映「素養」的真正精神？又是否產生質變與量變？更值得進一步深入探討。

　　分析「素養」會成為後九年一貫課程的發展重點，是具特殊的歷史脈絡性，除了來自全球化與科技化的外在環境衝擊，使得以終身學習和通才作為核心的素養能成為因應此一變局的重要能力（葉坤

靈，2017）；更重要的是，還包含一些國際性的影響因素，如相關國際組織的宣示，和強調素養的重要性，包括「經濟合作暨發展組織」（Organization for Economic Co-operation and Development，簡稱OECD）、「歐洲聯盟」（European Union，簡稱EU）及「聯合國教育科學文化組織」（United Nations Educational, Scientific and Cultural Oraganization，簡稱UNESCO）（Rychen & Salganik, 2003），再加上歐盟執委會所提出的《終身學習核心素養：歐洲參考架構》，在2006年被歐洲議會接受及採用（蔡清田，2011），同時成為世界其他國家建構國定課程的參考。

受到上述國際因素的影響，促使國內也開始著手建立以「核心素養」為導向的國家課程，自2005年起即有學者對此進行相關研究，特別是理論基礎的研究（洪裕宏，2008；陳伯璋、張新仁、蔡清田、潘慧玲，2007；蔡清田，2011）。之後，並在十二年國教新課綱中發展出全國中小學生共同要達成的核心素養。為了讓此一核心素養在落實於學校現場之前，能了解可能遭遇到的問題，教育部國民及學前教育署自2015年起，也從全國各縣市中選擇數所前導學校進行試辦，不僅透過各種工作坊，讓學校教育工作者了解核心素養的內涵，第二年的試辦重點還請各前導學校設計核心素養導向的彈性學習課程與學習領域教學案例。除此之外，國家教育研究院、各領域綱要發展小組和中央輔導團，也分別參與以核心素養為導向的教學研發工作。

為了對核心素養的理念與實際有更深度的理解，以下先以核心素養作為探究重點，分析其在後九年一貫課程與教學的發展。接下來提出兩個優質核心素養導向的教學設計案例，最後再針對素養導向的課程與教學進行省思。

後九年一貫課程與教學發展：以核心素養作為探究重點

　　十二年國教課程是後九年一貫課程與教學的重要改革方案，而核心素養又同時是十二年國教課程的主要特色，其基本理念係源自OECD對於「素養的界定與選擇」報告中所強調的三維架構──「能互動地使用工具溝通」、「能自律自主地行動」和「能在異質社群中互動」，再加上相關本土化研究所形成的結果（陳伯璋，2014），其內涵係包含「自主行動」、「溝通互動」、「社會參與」三大面向，各面向下又細分為「身心素質與自我精進」、「系統思考與解決問題」、「規劃執行與創新應變」、「符號運用與溝通表達」、「科技資訊與媒體素養」、「藝術涵養與美感素養」、「道德實踐與公民意識」、「人際關係與團隊合作」、「多元文化與國際理解」等九大項目。關於上述核心素養的內涵，十二年國教課程新課綱特將其界定為是「一個人為適應現在和未來挑戰，所應具備的知識、能力與態度」（國家教育研究院，2014）。

　　有別於九年一貫強調基本能力，十二年國教新課綱係重視以核心素養作為學習的引導。若從字面上去分析，兩者看去大致無太大的差異，但後者其實更具理論的結構性與系統性。其次，十二年國教新課綱中的核心素養更相當程度反映當前教育的主流思潮（楊智穎，2017），例如「身心素質和自我精進」、「系統思統和問題解決」和「符號運用與溝通互動」等核心素養，即明顯回應當前社會重視學生學習自主性與歷程性，以及強調與他人溝通和互助合作能力的主流價值。除了總綱所規劃的核心素養，在十二年國教課程中，還同時依國小、國中和高中，循序漸進設計此三個階段的核心素養，並在各領域中也規劃各自所屬的核心素養。

　　關於素養導向的教學設計，本研究認為「課程潛力」（curriculum potential）的概念，有助於說明教師要如何針對特定的核心素養進行教學設計，此概念最初所要闡述的對象主要為課程材料，認為有限的材料

也可能用來創造出生動而有激發性的經驗。本研究參考相關學者對此概念的詮釋（甄曉蘭，2004；Ben-Peretz, 1990），進一步認為這樣的詮釋概念也可應用於素養導向的教學設計，亦即教師在進行教學設計時，不能僅一味強調要如何忠實於核心素養的內涵，教師對核心素養的詮釋力和專業想像力也甚為重要。更具體而言，教師在進行核心素養的課程與教學設計時，有必要再連結實際的情境脈絡，強調學生的參與和主動，讓學生的學習產生意義（吳璧純，2017；林永豐，2017）。

體現核心素養的教學設計

臺灣經推動核心素養課程發展與教學設計之試辦已數餘年，本研究呈現兩所學校實例如下：

一 屏大附小「樂在校園植物研究」（A2系統思考與解決問題）

屏大附小「自由研究」課程由來已久，希望學生透過觀察、探究，學習做研究。2001年實施九年一貫課程起，將之列入彈性學習時數，規定每學期最低四節課的學習節數，亦即一學年有至少八節課進行研究課程。2008年提出「屏大附小兒童自由研究階段目標」，2013年再次修訂。然而，即便再加上幾節課，十來節的學習時數仍相當難以完成研究報告。因此，每年課發會中，皆有提出廢除「自由研究」課程的議題討論。

追根究柢，囿於學習時數不足，課程結構自然無法完整。再加上教師專業不一，僅級任老師擔任「自由研究」課程教學者，難以完成學生中高年級需學會自然觀察法、社會人文問卷訪談調查法、實驗研究法等不同研究法的教學目標。前述種種因素，導致學習成效不佳。在這樣的問題意識轉化下，申請十二年國教前導學校計畫時，便把課程轉化的主要目標訂為「精進校訂課程的結構，朝向核心素養導向的教學」。

屏大附小「自由研究」的校訂課程（圖1），主軸乃在探究學習，

項目包含了進行觀察、提出問題、檢閱各式資訊來源、進行研究的計畫、根據實驗的證據來重新檢閱何為已知的部分、使用工具來蒐集分析及解釋資料、提出答案、解釋及預測、與他人分享結論等（National Research Council, 1996, p.23）。考量屏大附小既有的校訂課程架構完整無法大幅調整，十二年國教任務小組決議採發「專題式之跨域統整課程」作為解決之道。

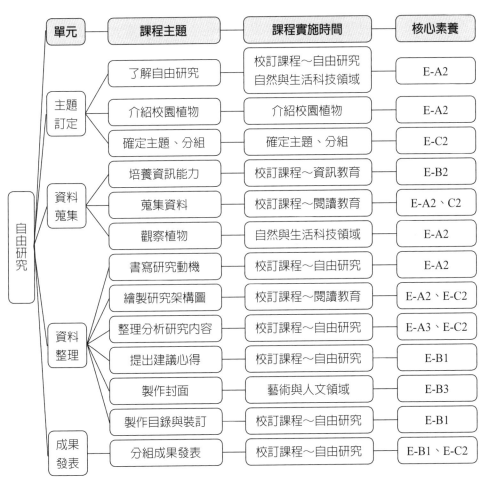

單元	課程主題	課程實施時間	核心素養
主題訂定	了解自由研究	校訂課程～自由研究 自然與生活科技領域	E-A2
	介紹校園植物	介紹校園植物	E-A2
	確定主題、分組	確定主題、分組	E-C2
資料蒐集	培養資訊能力	校訂課程～資訊教育	E-B2
	蒐集資料	校訂課程～閱讀教育	E-A2、C2
	觀察植物	自然與生活科技領域	E-A2
資料整理	書寫研究動機	校訂課程～自由研究	E-A2
	繪製研究架構圖	校訂課程～閱讀教育	E-A2、E-C2
	整理分析研究內容	校訂課程～自由研究	E-A3、E-C2
	提出建議心得	校訂課程～自由研究	E-B1
	製作封面	藝術與人文領域	E-B3
	製作目錄與裝訂	校訂課程～自由研究	E-B1
成果發表	分組成果發表	校訂課程～自由研究	E-B1、E-C2

（自由研究）

圖1　屏大附小自然觀察法「自由研究」課程架構圖

資料來源：作者自行繪製

此部分針對屏大附小自然觀察法「自由研究」課程如何導向核心素養的教學，分別就整體單元與部分主題先進行說明，再以一個主題進行課程實施詳細說明。

(一) 整體單元與部分主題課程皆導向「A2系統思考與解決問題」

首先，「自由研究」課程主軸在於「探究」，吻合「具備問題理解、思辨分析、推理批判的系統思考與後設思考素養，並能行動與反思，以有效處理及解決生活、生命問題」之核心素養具體內涵。因此，為達「自由研究」課程的主軸目標，「A2系統思考與解決問題」之核心素養不可少。

承前所述，探究學習的「樂在校園植物研究」整體單元課程導向「A2系統思考與解決問題」。進一步綜觀本校自然觀察法「自由研究」之個別課程主題，諸如了解自由研究、介紹校園植物、蒐集資料、觀察植物、書寫研究動機、繪製研究架構圖等，亦特別著重「A2系統思考與解決問題」之核心素養。針對部分單元主題，如何導向「A2系統思考與解決問題」，以下就呼應情形進行說明。

1. 了解自由研究

(1) 喚醒五官感覺（校訂課程——自由研究實施）

教師建構學生「5Why」（運用味覺、聽覺、觸覺、嗅覺和視覺）的學習策略，學生利用「5Why」系統性的鷹架，進行實作（藏在戳有小洞、能讓氣味跑出紙袋中的橘子），並結合從觀察、思考所得的資訊或數據中（用手摸出形狀及觸感、用鼻子聞出酸酸的氣味），判斷出觀察主角。在過程中，了解自由研究如何進行觀察。進而以「5W」與「五官」系統性的鷹架，就老師設定的校園植物「樟樹」進行觀察。

(2) 了解自由研究格式（自然與生活科技領域實施）

在「了解自由研究格式」中，教師是先針對學習內容擬出提問問題，學生藉由觀摩（觀察、閱讀）「校園植物」主題的館藏優良自由研究作品，思考歸納出研究報告的兩項重點，符合報告格式與報告表現判斷標準。前者的自由研究報告格式，需含有封面封底、目錄、研究動

機、研究內容、研究結果與建議、研究心得、參考書目。後者報告表現判斷標準，乃由小組先討論出優良作品的特點，經由教師的引導歸納，形成系統性的判準架構。學生以符合報告格式與報告表現判斷標準，作為小組將來呈現研究報告的依據。

2. 蒐集資料（校訂課程——閱讀教育實施）

「蒐集資料」中所培養之系統思考，乃指如何運用「關鍵字判別」與「工具類別使用」。關於前者，學生需思考、探索、判斷出研究主題之關鍵字。後者適合小學生大致包含書籍與網路，一是運用學校圖書查詢系統，以關鍵字進行研究主題的書籍查詢，判讀書籍是否為研究所需，從中蒐集研究所需的書籍。二是運用網路系統，以關鍵字進行研究主題的資料查詢，判讀資料是否為研究所需，從中蒐集研究所需資料。而資料蒐集則需兩者並用，以蒐集研究所需資料。

3. 觀察植物（自然與生活科技領域實施）

在「觀察植物」中，所謂之系統架構，乃運用三上自然課程「植物的身體」單元中，植物的莖、葉、花、果實和種子等部位外形特徵概念。透過長時期的觀察，進而解決「自由研究之自然觀察——觀察植物」的問題。有關系統性架構，簡述如下：

(1) 植物的莖：顏色、高矮、表面觸感、粗細（比大拇指粗或比大拇細）、軟硬、其他（氣味……）。

(2) 植物的葉：顏色、葉形（心形、掌形、橢圓形、披針形、其他……）、葉緣（平滑狀或鋸齒狀）、葉脈（平行脈或網狀脈）、葉序（互生、對生、輪生或叢生）、大小（比手掌大，還是比手掌小，大約幾公分）、其他（氣味……）。

(3) 植物的花：花瓣顏色、花瓣數量、花蕊（雄蕊、雌蕊……）、花朵大小（比手掌大，還是比手掌小，大約幾公分）、其他（氣味……）。

(4) 植物的果實：顏色、形狀（球形、長條形或其他）、表面（比較光滑或比較、粗糙）、軟硬（比較軟或比較硬）、大小（長大約幾公分，寬大約幾公分）其他（氣味……）。

(5) 植物的種子：顏色、表面（比較光滑或比較粗糙）、大小（大約幾毫米）、其他（氣味……）。

4. 繪製研究架構圖（校訂課程──閱讀教育實施）

本課程採分組教學，小組成員需透過良好互動與討論，針對蒐集的資料，進行研究主題系統思考探索，擬定研究之小主題與小小主題，繪製研究架構圖，進而解決自由研究之資料整理問題。

本課程探索主軸為屏大附小自由研究的自然觀察法，主題的擇定乃配合三年級自然領域課程，歸納數份核心素養導向教學示例的學習重點（含學習表現與學習內容）所對應出的核心素養（含總綱與領綱），整理出表1之「核心素養A2設計依據表」。

表1　屏大附小自然觀察法「自由研究」課程核心素養A2設計依據表

設計依據			
學習重點	學習表現	自ah-Ⅱ-1 透過各種感官了解生活周遭事物的屬性。 自ah-Ⅱ-2 透過有系統的分類與表達方式，與他人溝通自己的想法與發現。	核心素養	E-A2 具備探索問題的思考能力，並透過體驗與實踐處理日常生活問題。 自-E-A2 能運用好奇心及想像能力，從觀察、閱讀、思考所得的資訊或數據中，提出適合科學探究的問題或解釋資料，並能依據已知的科學知識、科學概念及探索科學的方法去想像可能發生的事情，以及理解科學事實會有不同的論點、證據或解釋方式。
	學習內容	自INb-Ⅱ-6 常見植物的外部形態主要由根、莖、葉、花、果實及種子所組成。		

資料來源：作者自行整理

(二) 以校訂課程──閱讀教育「繪製研究架構圖」為例

1. 課程設計之構思

蒐集的研究主題資料，包括書籍資料、網路資料，進行資料閱讀、資料概念分類，擬出研究內容小主題，形成研究架構圖。學生蒐集資料時，已能根據研究主題判斷資料的可用性，如想要了解「玫瑰」，「癡情玫瑰花的影音資料」就不合用。但每份資料呈現內容向度不盡相

同，因此需要透過資料比對、歸納，甚至刪除部分資料，方能進行研究資料整理。此為學生第一次進行研究的資料整理，2節課80分鐘的第一節課，先採用共同的資料，由教師帶領，透過「資料整理～研究架構表」，先把所有的資料目錄列出，透過比較，進行歸納。在第二節課時，分由各組根據蒐集的資料，討論各組架構。

2. 課程設計與教學

(1) 教學準備

‧教師研究主題植物：玫瑰花資料三式（資料來源為維基百科、百度百科、中央研究院生物）各十份。

‧研究架構表A4學習單，每組一份（教師示範全開海報一份）。

‧研究報告之「研究架構圖」，每組一份。

(2) 說明

分成學習活動／任務、學習活動／任務說明、評量及備註，說明教學活動如何達成「A2系統思考與解決問題」之核心素養（表2）。

表2　「繪製研究架構圖」課程設計與教學說明表

學習活動／任務	學習活動／任務說明	評量	備註／核心素養呼應說明
1.了解「研究架構表」	‧教師說明「研究架構表」。 ‧教師提問，教師透過學生回答，檢視學生理解「研究架構表」。	學生正確回答提問。	「研究架構表」將三份資料中所有的標題列出。
2.歸納「研究小主題一：玫瑰基本資料」	‧教師利用第一份資料說明示範，將中文名稱、英文名稱、學名、科名、別名、原產地等歸納為「基本資料」。 ‧利用第二份與第三份資料，小組討論出歸屬「基本資料」類別之內容，教師歸納。 ‧小組利用紅色圓點小貼紙，將「研究架構表」中的「基本資料」部分標記。	小組能正確說出，並仿作。	‧透過教師說明示範建立類別概念。 ‧雖標題可能不盡相同，但三份資料中皆出現，足見此一類別的重要。如同認識一個人，會需要認識其名字、身高、體重、居住地等基本資料。

學習活動／任務	學習活動／任務說明	評量	備註／核心素養呼應說明
3.歸納「研究小主題二：外型」	・教師利用第一份資料，請學生歸納出「研究小主題二：外型」。 ・利用「外型」的類別概念，辨別第二份與第三份資料中，可歸類於「外型」的標題。 ・小組利用黃色圓點小貼紙，將「研究架構表」中的「外型」部分標記。	小組能正確說出，並正確操作。	・連結學生在自然課的學習經驗，建立類別概念。 ・學生在三上自然領域的第一單元學習過植物的身體──植物的根、莖、葉、花、果實。
4.從研究動機擬定「小小主題：外型──莖」	・教師說明研究動機之一，對玫瑰有刺很有興趣。提問「應該會在哪個小主題再深入研究」。 ・小組討論出「小小主題：外型──莖」。 ・教師歸納小小主題的概念。	小組正確回應。	・學生根據資料，提出適合的科學解釋資料。
5.歸納「研究小主題三：用途」	・教師透過「基本資料」和「外型」類別歸納，重要類別的概念。 ・小組討論出「用途」類別。 ・小組利用綠色圓點小貼紙，將「研究架構表」中的「用途」部分標記。	小組正確歸納類別，並正確操作。	・學生自行歸納出類別，學生再利用自行建立的類別概念進行資料分類。 ・「基本資料」和「外型」的研究小主題同時出現在第一份資料、第二份資料和第三份資料。表示，三份資料同時出現，應該是介紹植物時很重要的小主題。
6.從研究動機架構「研究小主題四」	・教師說明研究動機種玫瑰和賣玫瑰，提問「會需要了解哪個小主題？」。 ・小組討論出「動機小主題」。 ・檢視解釋與動機間的連結。 ・小組利用藍色圓點小貼紙，將	小組討論出類別，並正確操作。	・能運用好奇心及想像能力，從觀察、閱讀、思考所得的資訊或數據中，提出適合科學探究的問題或解釋資料。

學習活動 / 任務	學習活動 / 任務說明	評量	備註 / 核心素養 呼應說明
	「研究架構表」中的「動機小主題」部分標記。		‧根據「種玫瑰和賣玫瑰」的研究動機，找出「研究小主題四：病蟲害、品種……」。因為研究動機帶有問題意識，學生不難找出相關小主題。但回歸學生的架構，學校老師們認為，學生們研究動機的問題意識可能較弱，若無法達成亦無妨。
7.繪製研究架構圖	‧小組根據組別的研究主題繪製研究架構圖。	小組完成研究主題研究架構圖。	‧以系統思考──基本資料、外型、用途、研究動機等類別概念，進行資料整理，進一步解決研究內容撰寫的問題。

資料來源：作者自行整理

學生分組運用「研究架構表」
操作資料分類

荷花研究架構圖

3. 回饋

對於此次課程，教師對於學生的學習與自身的教學都有回饋省思：

> 「經過這次老師們教學分工的指導下，我們從學生的作品可以
> 看出他們資料的整理很有系統；植物觀察記錄得很仔細、詳
> 盡；封面設計得很有特色。學生完成這份報告，他們最大的收
> 穫就是知道如何進行資料查詢。有的學生當初認為要完成資料
> 查詢報告是多麼困難的一件事，但是實際去參與之後，發現書
> 寫報告並沒有想像中這麼難，欣喜之情表露無遺。」（資料來
> 源：教師省思日誌20170430）

至於「繪製研究架構圖」該堂課，恰是十二年國教前導學校計畫社
群的觀議課，老師們的觀察回饋可分為兩個部分說明。

(1) 教師們觀察課程進行與學生的學習情形

教師運用山竹的特徵猜謎，引起學生學習興趣，再引入教學重點，
讓學生了解介紹物品從基本資料說起之重要性，有趣又能與生活經驗
做連結。且大部分歸納方式皆是從舊經驗引導，再加上運用系統的統
整、歸納鷹架，結合明確的教學步驟，學生很快能歸納重點，進行分
類，繪製出架構圖。

(2) 對於自然觀察法「自由研究」課程的教學

有位老師在觀課紀錄寫道：

> 「執行這些課程過程中，最讓我獲益最多的是資料整理的觀
> 課。我學習到當學生第一次接觸研究還無頭緒時，如何有系統
> 地指導學生從資料整理出研究架構。而當學生繪製出架構圖，
> 級任老師的我們便能指導學生運用架構圖訂出的小主題甚至小
> 小主題，進行資料分析整理，撰寫研究內容。」（資料來源：
> 教師觀課紀錄20170103）

教師在投入的過程中，漸次發展出引導學生整理資料的方法，是教學相長下教育專業成長的例證。

二　屏東縣潮南國小「跨領域主題課程」（A3規劃執行與創新應變）

105學年，潮南成為屏東縣食農教育的理念學校，並申請十二年國教新課綱之前導學校，結合核心素養導向之教學策略，設計跨領域的多元課程，發展食農校訂課程，豐富學生的經驗值，拓展學生的視野，一切從土地出發，找回最自然的元素。

(一) 體現教改國際潮流——跨領域主題課程

隨著教改的國際思維，學習不再是單領域的教學模式，它應透過專題式或主題式的學習，讓學生習得核心素養之多面向能力。因而試著朝這方向規劃了跨領域主題課程（圖2），每學期設計一個主題週，教師透過共同備課擬定主題週教學內容，結合各學習領域的學習內容進行主題教學，除數學與社會領域外，多數領域課程教師自編教材符應核心素養導向之學習內容，讓學生的學習變得不一樣。

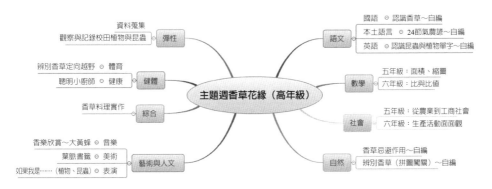

圖2　跨領域主題課程架構圖

(二) 以健體領域之健康課程為例，說明本校規劃A3之核心素養教學

　　教師結合學校的香草特色作物，於主題週設計了「聰明小廚師」課程（圖3），符應具備擬訂計畫與實作的能力，並以創新思考方式，因應日常生活情境（A3規劃執行與創新應變）。

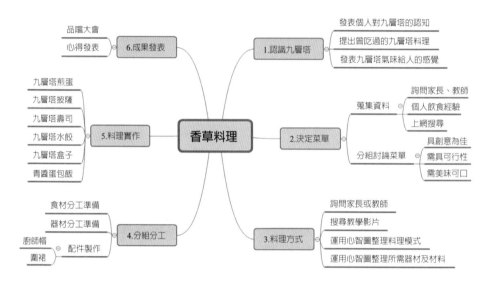

圖3　聰明小廚師課程架構圖

1. 課程設計之構思

　　透過分組討論料理食物的過程，擬定香草料理食譜，創新食材料理方式，規劃分工成員任務至烹飪實作，以因應日常生活情境，習得自主行動之核心素養。

2. 課程設計與教學

　　教師在設計該課程時，先規劃大方向之教學架構：認識九層塔香草→認識九層塔料理→蒐集資料→創新食譜→分組分工→實作發表，配合擬達成的領綱課程目標，於課程進行中引領學生朝架構圖之次架構方向思考與討論，尊重學生們的討論決定與發展方向，教師再依學生討論進度及方向修正教學內容，轉化為「以學生為中心」之教學流程。

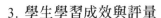
3. 學生學習成效與評量

該課程具有多元評量方式，以形成性評量為主，在教學過程中，隨時應用評量工具，以觀察、問答、晤談、練習、操作等方式來了解學生學習情況，例如：學生分組討論食譜之製作流程，並以心智圖呈現討論結果，並發表想法與預期結果。

另結合實作評量，在真實情境中實作進行評量，呈現出學生的真實表現，例如：學生從食材準備到料理分工，並料理出一盤符合其原菜單食譜之香草料理，並巧思擺盤提升美感以獲得評審青睞。評審團由學生擔任，講評品嚐料理之心得感受，亦是一種另類評量。

該課程之多元評量方式異於傳統之紙筆測驗，無數字標準去檢視學生學習成效，全由教師設定之學習目標，透過觀察、記錄或學習單來了解學生之學習表現，以質量分析學生之學習成效，其標準應依學生能力而有所差異。

4. 學生表現與回饋

主題週的課程，不論各領域的內容皆突破過往的學習模式，學生學習動機被激發，積極表現與參與，不論分組討論或發表心得都是學生過往學習較欠缺的，但在如此課程引導下，學生們勇於嘗試，展現團隊合作與解決問題的能力，激發想像跳脫思維框架，他們的學習情緒持續高亢，這一週的校園顯得別熱鬧也特別吵，學生們說：「希望週週都是主題週」（資料來源：記者採訪影片檔案20161118）。

5. 教師回饋與省思

這週的課程讓老師們忙翻了！多次的共同備課討論，每週的進度檢討，結合入班觀課的緊張與壓力，老師們在害怕與不安的氛圍中完成這週的主題課程。課程進行中，教師需專注關心學生們的表現，適時地給予引導支持，包容學生們脫序的討論，眼見時間流逝，進度不如預期，內心焦慮但仍忍住打斷學生討論的衝動，因為，學生們從未如此熱切積極，甚至不願意下課。

教師學習轉化教學策略，以學生為中心的課程設計，突破過往的教學思維，這轉化的過程教師除了倍感壓力，內心還有份不安，擔憂多

元的評量方式如何精準掌握學生們的學習成效,如何以文字描述來記錄學生們的學習情形,這跳脫過往評量模式的嘗試,教師的負擔明顯加重。

檢討會時,老師們表示,這一週,校園特別吵,學生們上得很開心,但快樂學習過後,學生們到底學了多少?該如何精準掌握?這些讓老師也感到不安。為了這週的備課、教學與評量,老師們忙得很累,但看到學生們學習過程的表現及回饋,老師們仍願意繼續投入(資料來源:潮南國小課程發展會議紀錄20170104)。

符應時代的改變,教改有其必要性與重要性。然而,如何轉化核心素養導向教學?如何運用多元評量激發學習動機?如何以學生為中心設計課程?教師是教改成功與否的重要關鍵人,故整個行政體系應給予最大的支持,給與執行面的安全感。

為減緩教師於課程轉換之擔憂,未來仍著重在校訂課程之規劃與安排,部定之領域課程的轉化,將採素養導向概念之教學策略漸進實施。增加教師教學精進課程,強化教師素養導向轉化之概念,透過共同備課與觀議課之交流溝通,了解執行面之困難並邀請專家、教授指導,共同成長。多元評量成效檢核是核心素養教學轉化之關鍵因素,未來將強化教師多元評量策略之設計能力,以期能讓教師與家長於十二年國教轉化之歷程能安心穩健支持,轉化才有機會與希望。

(三) 翻轉思維 —— 因「學習轉化」而「轉化學習」

「翻轉教育」、「以學生為中心」的教改口號喊得響亮,但非一蹴可幾,最大關鍵在第一線的教師,老師要先學習如何轉化核心素養導向之教學策略,同時也要轉化教學思維,唯有教師先翻轉,才有機會轉化學生們的學習模式。

潮南國小在核心素養轉化之教學策略與精進課程採漸進式進行,由核心團隊之教師先試行轉化,再加入導師協同教學,但因對核心素養教學策略的突破與課程的掌握無法如同過往之能力指標精準明確,加上教師之教學慣性,以致多數教師處於不安的教學氛圍。

多元評量是核心素養教學轉化之重要環節，雖教師樂於設計多元的評量模式，但因無明顯與即時效應評估成效，以致教師擔憂學生學習成效，這亦是教師須轉化之觀念，但因教師之責任心，其擔憂可以明白。

學生之學習動機影響學習態度，十二年國教希望能喚起學生的學習慾望而轉換核心素養教學，決定於校訂課程試擬跨領域之主題課程，結合核心素養教學策略，希望能改變學生之學習態度，課程當下雖是愉快學習並互動頻繁，但素養之養成卻不是一蹴可幾，無論教師或家長的觀念轉換亦非容易，「等待」似乎成了一大考驗。

肆 素養導向課程之教學設計的問與思

參與素養導向課程之教學設計時，曾看見些許現象，例如「核心素養數量愈多愈好？」「單元目標與核心素養的相關性？」「回應核心素養的教學設計適切否？」等，以下就此三個現象探討之：

一 核心素養數量愈多愈好？

從教師們的教學活動設計中興起一個疑問：「一個教學單元所呼應的核心素養，數量愈多愈好？」在發展素養導向的課程與教學時，一個主題單元所呼應的核心素養，數量愈多，代表老師愈認真，學生學習成效愈高？類似「多即好」意識在九年一貫課程設計中選擇「能力指標」時即已出現，然而在有限的教學時間中是否能達成如此多的素養培育？因此，宜挑選該教學單元所呼應的「主要」核心素養為主。為何宜挑選呼應的重點核心素養為主，因為選擇過多的核心素養時亦常發生以下第二點「單元目標與核心素養的相關性」與第三點「回應核心素養的教學設計適切否」的現象。

二　單元目標與核心素養的相關性？

在教學活動設計中會有「單元／教學目標」，請問其與核心素養的關係？在思考這個問題前，請先觀察以下設計[1]（表3）：

表3　核心素養與單元目標之設計舉隅 I

對應之總綱核心素養	C.社會參與 C1 道德實踐與公民意識 C2 人際關係與團隊合作
對應之領綱核心素養	綜-E-C1 關懷生態環境與周遭人事物，體驗服務歷程與樂趣，理解並遵守道德規範，培養公民意識。 綜-E-C2 理解他人感受，樂於與人互動，學習尊重他人，增進人際關係，與團隊成員合作達成團體目標。
單元目標	一、能說出閩南傳統婚禮習俗與名稱。 二、能說出閩南傳統婚禮的程序。

資料來源：修改自某國小教學活動設計

表3的教學設計選擇的學習重點、核心素養（領綱、總綱）較偏向「情意」性質，然而，其單元目標卻是偏向「認知領域」性質。再檢視表4的教學設計：

表4　核心素養、學習重點與單元目標之設計舉隅 II

對應之總綱核心素養	A1身心素質與自我精進 A2系統思考與解決問題 B1符號運用與溝通表達 B3藝術涵養與美感素養 C2人際關係與團隊合作
對應之領綱核心素養	國-E-A1 認識國語文的重要性，培養國語文的興趣，能運用國語文認識自我、表現自我，奠定終身學習的基礎。

---

[1]　本例子中直接與對象有關之用語已經過修改。

	國-E-A2
	透過國語文學習，掌握文本要旨、發展學習及解決問題策略、初探邏輯思維，並透過體驗與實踐，處理日常生活問題。
	國-E-B1
	理解與運用本國語言、文字、肢體等各種訊息，在日常生活中學習體察他人的感受，並給予適當的回應，以達成溝通及互動的目標。
	國-E-B3
	運用多重感官感受文藝之美，體驗生活中的美感事物，並發展藝文創作與欣賞的基本素養。
	國-E-C2
	與他人互動時，能適切運用語文能力表達個人想法，理解與包容不同意見，樂於參與學校及社區活動，體會團隊合作的重要性。
	生活-E-A1
	悅納自己：透過自己與外界的連結，產生自我感知並能對自己有正向的看法，學習照顧與保護自己的方法。
	生活-E-A2
	探究事理：藉由各種媒介，探索人、事、物的特性與關係；學習各種探究人、事、物的方法並理解探究後所獲得的道理。E-B3具備藝術創作與欣賞的基本素養，促進多元感官的發展，培養生活環境中的美感體驗。
	生活-E-B1
	表達想法與創新實踐：使用不同的表徵符號表達自己的想法，並進行創作、分享及實踐。
	生活-E-B3
	感知與欣賞美的人、事、物：感受生活中人、事、物的美，欣賞美的多元形式與表現，體會生活的美好。
	生活-E-C2
	與人合作：能與人友善互動，願意共同完成工作，展現尊重、溝通以及合作的技巧。

		國語
學習重點	學習表現	聆聽 1-I-1 養成專心聆聽的習慣，尊重對方的發言。 1-I-3 能理解話語、詩歌、故事的訊息，有適切的表情跟肢體語言。 口語 2-I-2 說出所聽聞的內容。 2-I-3 與他人交談時，能適當的提問、合宜的回答，並分享想法。 **生活** 1-I-1 探索並分享對自己及相關人、事、物的感受與想法。 2-I-1 以感官和知覺探索生活中的人、事、物，覺察事物及環境的特性。 2-I-6 透過探索與探究人、事、物的歷程，了解其中的道理。 3-I-1 願意參與各種學習活動，表現好奇與求知探究之心。 4-I-3 運用各種表現與創造的方法與形式，美化生活、增加生活的趣味。 5-I-2 在生活環境中，覺察美的存在。 5-I-4 對生活周遭人、事、物的美有所感動，願意主動關心與親近。 6-I-4 關懷生活中的人、事、物，願意提供協助與服務。 7-I-5 透過一起工作的過程，感受合作的重要性。
	學習內容	**國語** Ad-I-3 故事、童詩 Ba-I-1 順敘法 **生活** A-I-2 事物變化現象的觀察 B-I-1 自然環境之美的感受 C-I-1 事物特性與現象的探究 D-I-4 共同工作並相互協助 E-I-4 對他人的感謝與服務
單元目標		1. 學生能知道家鄉歷史的故事 2. 學生能了解家鄉傳統食材的特色

資料來源：修改自某國小教學活動設計

表4教學設計有下列數項疑惑：第一，單元目標亦偏「認知領域」性質。第二，面對著挑選了過多的學習重點、核心素養後，這個組合像是一輛多頭馬車，考驗著教學者，最終對面著苦思而無法「駕馭」的困境，教學者也只能簡單地寫出本單元能達成的目標。第三，最後呈現出的上述兩個設計（表3、表4）給讀者的共同疑惑在於：不容易理解核心素養、學習重點與單元目標的關聯性。單元目標的性質是較具體、在短時間內容易達成與檢視學習成效，然而若與學習重點、核心素養的相關性不高，宜再檢視是否發生上述第一點「核心素養數量愈多愈好」的迷思。教師們在思考「學習重點」與「單元目標」的呼應關係時，R. W. Tyler的雙向分析表（細目表）（Tyler, 2013[2]）是可參考的工具（見表5）。

表5　學習表現與學習內容雙向細目表舉隅（生活課程）

學習表現 / 學習內容	1-I-1 探索並分享對自己及相關人、事、物的感受與想法。	2-I-6 透過探索與探究人、事、物的歷程，了解其中的道理。	4-I-3 運用各種表現與創造的方法與形式，美化生活、增加生活的趣味。	7-I-5 透過一起工作的過程，感受合作的重要性。
A-I-2事物變化現象的觀察				
B-I-1自然環境之美的感受				

資料來源：作者自行繪製

三　回應核心素養的教學設計是否適切？

第三個現象是，主題單元下所設計的教學活動是否能呼應核心素養的深度培育？例如：在教學設計中，安排20分鐘讓學生彩畫校園，

2　該書於1949年出版，2013年版本為修正版。

是否能達到培育「具備藝術感知、創作與鑑賞能力，體會藝術文化之美，透過生活美學的省思，豐富美感體驗，培養對美善的人事物，進行賞析、建構與分享的態度與能力」（B3藝術涵養與美感素養）？針對這樣的教學設計，需思考的是：這個活動是「放牛吃草式」的讓學生隨意塗鴉？還是一個具有系統與嚴謹的美感體驗、藝術感知、鑑賞等教學規劃？另一個常見的教學設計是，該主題單元選擇「B1符號運用與溝通表達」為核心素養，然而，僅是在課室中讓學生隨機隨興地進行師生之間的問與答等。上述的教學設計似乎缺乏審慎地解析該核心素養的精神、思索如何轉化成單元目標、如何系列性地選擇與組織其中的重要概念、價值或技能等，進而安排適切的學習活動，以提升學生的學習表現等，實難以達到培育核心素養之成效。

伍 結語

本研究認為並不是將國家層級的核心素養概念內涵建構完成，或辦理相關的推動工作與研習課程，教師就能做好核心素養導向的教學設計，學生也同時能自動習得所應獲致的核心素養。因為誠如學者所指，課程其實是一組特定形式的教學實際，每一間教室都是獨特的，教師必須將其在實際中加以證驗與修正（歐用生，2000；Stenhouse, 1975）。因此核心素養便不能視其只是一種具固定內容與形式的課程概念，教師對「核心素養」的詮釋，以及課室中以核心素養為導向的教學實際是否仍能完整呈現核心素養的精神，其實才是教學成功與否的關鍵。最後本研究省思兩所學校實例後，提出素養導向課程之教學設計方向供參：

一、要讓學生獲得新課綱中所有的核心素養，不能只依賴特定的領域，而是要藉由各個領域，甚至要包括非正式課程和潛在課程，因此不必然每堂課或領域都要完成所有核心素養的養成。

二、為避免某些核心素養被忽略，或過度偏向某些核心素養的培

養，學校教師在備課的過程中，有必要隨時檢視九個核心素養整個學校課程結構中的分配和規劃情形。

三、核心素養的教學設計必須連結學校的情境脈絡，透過情境中的學習，讓學生的學習產生意義。

四、各個領域或單元要呼應哪個核心素養，必須考量其屬性，不能一味強加在各領域或單元身上。

五、素養導向的學習評量應同時包含學生的學習歷程和學習成果，因此有必要採取各種表現評量形式，來檢視學生在各核心素養的達成情形。

六、審視教學活動設計的邏輯連貫性，宜思考「單元／教學目標」與「學習重點」的相關性，教學活動宜能體現「核心素養」與「單元目標」。

七、盱衡教學活動設計的素養數量合理性，以教學中擬培養的重要核心素養作為選擇的基準，審慎規劃能達成重要核心素養的深度活動經驗。

八、思考教學活動設計的書寫清楚性，書面是為了「溝通」，讓教學者以外的他人，透過教學設計書面即能明白每個教學活動如何達成某個素養。

參考文獻

吳璧純（2017）。素養導向教學之學習評量。臺灣教育評論月刊，**6**(3)，30-34。

林永豐（2017）。核心素養的課程教學轉化與設計。教育研究月刊，**275**，4-17。

洪裕宏（2008）。界定與選擇國民核心素養：概念參考構與理論基礎研究。行政院國科學委員會研究計畫成果報告（NSC95-2511-S-010-001）。臺北市：陽明大學。

國家教育研究院（2014）。十二年國民基本教育課程發展指引。臺北市：國家教育研究院。

陳伯璋（2014）。十二年國民基本教育之課程綱要研修理念之評析。發表於東北師範

大學主辦，第十六屆兩岸三地課程理論研討會：課程改革持續的動力。吉林：東北師範大學。

陳伯璋、張新仁、蔡清田、潘慧玲（2007）。全方位的國民心素之教育研究。行政院國科學委員會研究計畫成果報告（NSC95-2511-S-003-001）。臺南：致遠管理學院。

黃政傑（1997）。課程設計。臺北市：東華。

楊智穎（2017）。後九年一貫課程時期學校課程發展的變與不變：文化歷史觀點的省思。課程研究，**12**(2)，21-36。

葉坤靈（2017）。由歐盟核心素養的評量省察我國中小學核心素養評量之相關議題。臺灣教育評論月刊，**6**(3)，7-14。

甄曉蘭（2004）。課程理論與實務：解構與重建。臺北市：高等教育。

歐用生（2000）。課程改革。臺北市：師大書苑。

蔡清田（2011）。素養：課程改革的**DNA**。臺北市：五南。

Ben-Peretz, M. (1990). *The teacher-curriculum encounter: Theory into practice*. New York: Macmillan.

National Research Council (1996). National science education standards. Washington, DC: National Academy Press.

Rychen, D. S., & Salganik, L. H. (2003). *Key competencies for a successful life and a well-functioning society*. Gottingen, Germany: Hogrefe & Huber Publishers.

Stenhouse, L. (1975). *An introduction to curriculum research and development*. London: Heinemann Educational Books.

Tyler, R. W. (2013). *Basic principles of curriculum and instruction*(revised ed.). Chicago, IL: University of Chicago Press.

總綱核心素養「多元文化與國際理解」之轉化實踐：以花東前導學校為例

張景媛、林佳慧、何縕琪

壹　前言

　　處於多元文化交互衝擊影響的社會中，人口背景變得多樣複雜，再加上科技的突飛猛進與交通便捷，人與人之間的接觸交流更加頻繁，相互的依存關係也愈來愈密切，因而教育內容與過程必須注入國際化、多元化的精神與實質。2014年11月，我國教育部公布十二年國民基本教育（以下簡稱十二年國教）課程綱要總綱，說明新一波教育時代的來臨，由「基本能力」走向「核心素養」。所謂「核心素養」係指：作為一個人為適應現在生活及面對未來挑戰，所應具備的知識、能力與態度（教育部，2014）。核心素養強調培養以人為本的「終身學習者」，包括：「自主行動」、「溝通互動」、「社會參與」三大面向，以及「身心素質與自我精進」、「系統思考與解決問題」、「規劃執行與創新應變」、「符號運用與溝通表達」、「科技資訊與媒體素養」、

「藝術涵養與美感素養」、「道德實踐與公民意識」、「人際關係與團隊合作」、「多元文化與國際理解」九大項目。

從這九大項目可知，核心素養面向由小而大，涵蓋個人、團隊至國際。亦即學習者不只要關心自己與他人，更要宏觀世界，走向國際。其中，十二年國教中「多元文化與國際理解」核心素養，目的是培養學生具備自我文化認同的信念，尊重與欣賞多元文化，積極關心全球議題及國際情勢，且能順應時代脈動與社會需要，發展國際理解、多元文化價值觀與世界和平的胸懷（教育部，2014）。然而，當全球化的來臨，時間、空間急速壓縮，全球化緩慢推移的力量將使世界各地趨於一致，如何避免因外來文化取代在地文化，喪失原有文化的主體性；或是因文化差異，產生對立、衝突等現象。為此，在全球化和在地化之間，所衍生的「全球思考、在地行動」或是「在地思考、全球行動」的意識與因應策略，其目的是希望學習者在兩者間取得平衡，並涵育尊重多元、同理關懷之核心價值與實踐。

108學年十二年國教新課綱上路，為了落實新課綱的理念，教育部國教署透過十二年國教前導學校計畫，邀請北、中、南和東（包含離島）四區，數十所中小學校作為進行新課綱課程轉化之前導[1]，據此，能深入理解新課綱素養導向課程與理念。其中，為了能深入探討「多元文化與國際理解」素養之轉化實踐經驗，本文也以研究者參與課程研發與教師社群討論的兩所東區前導學校實踐經驗為例，探析在地文化及學校課程發展之轉化內涵及特色。

---

[1] 依據教育部「十二年國民基本教育課程綱要前導學校暨機構作業要點」，前導學校係指由教育部國民及學前教育署補助相關經費，以規劃及執行新課綱之課程（包括部定課程和校訂課程），試辦推展國家教育研究院所研發之素養導向教材及教學模組，並對針對新課綱試辦推展，提出課程規劃與實施問題之檢討及解決策略之建議。

「多元文化與國際理解」素養及其實踐意涵

　　從「多元文化與國際理解」來看，即包含兩個重要運動：「多元文化教育」和「國際教育」，此兩種向來各有不同的理論論述和教育實踐，但卻有著共同的教育關懷，如正義、人權等，學校課程發展與設計應整合兩種運動，以達具體落實之效（劉美慧，2017）。關於總綱「多元文化與國際理解」，在不同教育階段各有不同層次說明，在國民小學階段：「具備理解與關心本土與國際事務的素養，並認識與包容文化的多元性。」國民中學階段：「具備敏察和接納多元文化的涵養，關心本土與國際事務，並尊重與欣賞差異。」高級中等階段：「在堅定自我文化價值的同時，又能尊重欣賞多元文化，具備國際化視野，並主動關心全球議題或國際情勢，具備國際移動力。」由此可知，國小階段重視關懷與包容文化的多元性；國中階段則是關心本土與國際事務，學習尊重與欣賞；高中階段要能認同自我文化的價值，但又關心全球議題，具備國際移動力。這三個階段的層次不同，教學設計上也要掌握各階段的重點。

　　此次，十二年國教課程研修的特色有三：領域連貫統整、素養導向和議題融入，除了各領域／科目進行教學轉化以達核心素養之涵育，亦重視議題融入課程為豐富與落實核心素養之達成（國家教育研究院，2018）。以「多元文化和國際理解」而言，除了上述核心素養面向，細究十二年國教總綱實施要點明列十九項議題，與「多元文化和國際理解」高度相關的議題為「多元文化教育」和「國際教育」，亦可於各領域／科目課程設計適切進行議題融入，引導學習者關注因時代思潮與社會變遷而產生的現象或事件，以深化「多元文化和國際理解」素養。關於這兩類議題的內涵，簡述如後。多元文化教育議題的學習目標為：1.體認文化的豐富與多樣性，2.維護多元文化價值和養成尊重差異，3.追求實質平等的跨文化能力；其學習主題有四，分別為：我族文化的認同、文化差異與理解、跨文化的能力和社會正義。國際教育的學

習目標爲：1.認識全球重要議題，2.具備國際視野的本土文化認同與愛國情操，3.實踐個人的國家責任，4.具備全球意識、全球智能、全球公民責任感及全球行動力；學習主題也有四項：國家認同、國際素養、全球競合力和全球責任感[2]。由兩項議題之學習目標可知，課程設計可逐步引導學生從本土文化認同走向全球國際觀，亦可透過跨領域／科目組合，以情境脈絡與探究教學法，擴充學生認知的經驗、拓展文化的視野、孕育同理的理解，養成自尊自信與積極對待其他文化的民主態度。

　　至於多元文化教育與國際教育應如何整合？有哪些可能的途徑？Hicks與Holden（2007）提出全球教育四面向模式，可針對多元文化教育或國際教育等題材，就地理／空間性、歷史／時間性、議題性和學習面，探討該議題的核心概念、知識、技能與態度。劉美慧（2017）認爲Cole（1984）提出全球教育多元化（multiculturalize global education）或多元文化教育全球化（globalize multicultural education）的途徑，亦可協助學生從理解所處的團體對個人價值觀與態度的影響，進而了解全球現象。例如：探討人權、公義、和平、環境、公平貿易等全球性或國際性議題時，可放置在本土脈絡與全球架構中，擴大理解問題的深度與廣度（臺北市全球教育白皮書，2011），鄭美瑜等人（2018）曾以關懷國際移工爲例，引導學生觀察臺灣移工的現象，認識文化的豐富與多樣性，並思考其存有的社會福利問題或對社會的影響等，進而培養學生對移工同理關懷的態度與拓展國際視野。

 ## 「多元文化與國際理解」之課程轉化：文化回應教學

　　隨著當代社會對族群的重視與國際交流的機會增加，培養「多元

2　關於此兩議題之基本理念與實質內涵，可參閱載於國家教育研究院網站之《十二年國民基本教育之議題融入說明手冊》。

文化與國際理解」素養益形重要。文化係指影響著某一族群人們的價值、規範、傳統，也影響著這群人如何認知、思考與互動。不論是面對臺灣在地的原住民、客家或新移民，以及邁向國際化認識更多的國家與族群，學生應具備對多元族群的尊重，以及國際理解素養，包括面對不同族群與國家人民的語言和文化之同理、國際知識和「know-how」的程序性運作知能，以發揮「適度轉化」之效和全球公民責任，此即以文化理解的視域融合（fusion of horizons），增進對人、事物與文化的尊重、認知和欣賞。

關於多元文化教育之轉化模式，常見有貢獻模式（contributions approach）、附加模式（assistive approach）、轉型模式（transformation approach）和社會行動模式（social action approach），以及混合交融模式（mixing and blending approaches）（Banks, 2010）。Hollins（2008）指出，學校的課程內容應與受教者的原生文化進行合宜的連結，以助長其個人與族群認同感，以及邁向卓越的學術準備動機。從地方到國際，鑲嵌多元文化理解的視角於教學場域中，藉由文化回應教學課程轉化模式為一具體作法。

文化回應教學著重以學生的文化特色、先備知識及族群認同等，作為教師教學與學生學習的管道，進而開展對國際關懷的視野。由於文化回應教學能因應不同背景學生的學習特質，已被證實可以有效提升原住民與少數族群學生的學習動機與表現（李奇憲，2004；林美慧，2003；劉美慧，2000；Armento, 2001; Brown, 2003; Gay, 2000; Irvine, 2001），因而對多元文化教育的實踐與落實有重大的意義與影響。

在學生背景愈趨多樣化與差異化的教室中，Gay（2010）極力倡導教師透過文化回應教學在教與學取得文化的一致性，並透過文化回應的關懷加以實踐。其在教學轉化的論點包括：教師應認識學生的差異性，參與文化回應教學轉化的社群討論；提升文化自我覺察（cultural self-awareness）與意識，注意自驗預言對學生的影響；課程內容宜反映族群的多樣性；以及藉由合作學習配合學生的學習風格，以提升學習表現。

　　國外研究方面，如Moses、Kamii、Swap與Howard（1989）所進行的代數方案研究，利用學生的生活經驗來設計數學課程，教導學生了解學習代數的意義和重要性，透過文化知識和族群知識來進行教學。此外，Hammond（1997）在加州首府沙加緬度一間小學，運用寮國移民家庭的知識，有效連結社區與學校作為課程設計的基礎，將自然科學、園藝和語文統整為一套課程進行教學。

　　在國內研究方面，劉美慧（2000）發現文化回應教學方案能有效提升原住民學童的學習興趣與高層次思考。林美慧（2003）也發現可以提升社會科的學習動機，幫助學生對抽象概念的理解、回應母文化並提供原住民正面楷模，有助於提升學生的認知與情意的學習。在國語文的學習上，文化回應教學有助於提升國小學生的學習動機、減少錯字、增加作文的篇幅、增進口語表達能力（李奇憲，2004）。何縕琪等人在花蓮縣一所原住民國中的行動研究，發現文化回應教學有助於原住民國中生族群意象的正向發展，並可提升學生的閱讀興趣、語文表達能力與寫作表現（何縕琪、許木柱、江瑞珍，2008；何縕琪、賀宜慶、許木柱，2008）。

　　也有國內學者嘗試在科學／數學教育中融入原住民文化，結果也發現不錯的學習效果。江淑卿、陳淑芳、鄭芬蘭、馬祖琳（2009）運用文化取向之圖畫書融入原住民兒童科學探究教學中，進行四個「文化主題教學」（狩獵、豐年祭、拜訪VUVU的家、WuNi的婚禮），發現有助於大班、小二原住民兒童科學概念之發展，部分對應主題教學的「圖畫書導讀」也有助於科學概念發展，但主題教學的效果皆較導讀為佳。郭李宗文（2009）透過具體化與在地化的數學活動，發現小一原住民學童的操作測驗表現明顯高於紙筆測驗，印證了原住民學生較習慣於具體操作的傾向（參見譚光鼎，1998）。熊同鑫（2009）在國小一年級數學教學中融入阿美族文化的研究中，將「數學」、「文化」和「族語」三者融合，發現對於原住民學童而言，產生自我文化肯定的作用，對一般學童而言則培養多元文化的視野。從教學過程發現，在數學課中融入文化學習，讓原住民族學童展現較高的學習興趣、自信及良好人際關係，對

其學習成就有正面幫助，也印證將原住民文化融入數學教學的方式有其可行性。

呂昫屏、蕭月穗（2010）進行自然與生活科技文化回應教學研究，在臺東縣一所布農國小的植物單元課程中，融入該校校園植物與社區周邊植物，並選擇布農族之文化經驗，透過學生的前後測答對率比較，發現學生後測答對率皆高於前測，顯示文化回應教學的成效。

黃純敏（2014）曾探討臺灣多元社會脈絡裡，一位族群發展類型為多重轉折型的原住民教師，如何可能透過行動研究歷程，建構一個將原住民知識、多元文化，甚至是國際文化視野融入學科教學的課程方案並進行教學實施。在教學轉化實踐歷程中，真正的挑戰不在於如何掌握原住民知識、多元文化課程設計與教學增能，而是如何觸動一顆歷經原漢衝突、汙名化的原住民心靈，走向省思、開放與信任，成為一位文化轉化型的教師。

從教育人類學的觀點來看，家庭與學校的斷裂可能造成學生的學業成就低落，而教師對文化差異的理解與態度，是影響不同背景學生學習機會與學習表現的重要決定因素。彙整上述研究發現，文化要素可用以協助教師進行教學，依據與學校、社區有關的事件、問題或關切點來發展課程的文化回應教學，可用以提升學生的學習表現，特別對於原住民學生或教師而言，更具有重要的教育意涵。

肆 教學案例分析

培養「多元文化與國際理解」素養時，必須配合學生的認知發展過程，先奠定對自我族群或鄉土文化的認知基礎，然後再逐步擴充學生的文化學習經驗，進而產生國際文化的理解。以下分別以國小和國中的案例說明文化回應教學之教學轉化實踐經驗。

一　慈大附小校訂課程主題教學

(一) 課程發展說明

　　位於花蓮的慈大附小，於四年級安排校際交流，讓學生走入原住民學校，透過實際體驗認識原住民族的傳統與文化，同時藉由交流呈現在學校所習得的慈濟茶道與花道學習成果，認識與感受原住民和自己的優勢，進而尊重與欣賞不同族群的特色及差異。慈大附小於校訂課程中配合融入，發展出從在地理解到國際理解的「幸福一家人：校際交流」與「世界一家親」素養導向教學，以下說明這兩個主題的課程發展與教學轉化策略。

　　慈大附小曾於2015年到新加坡菩提學校進行國際教育交流，爾後該校每年都會安排學生到臺灣交換學習。考量學生的心智成熟度、跨文化溝通能力及課程規劃，校方安排五年級學生負責接待，教師於課程中帶領學生認識新加坡文化，並討論交流方式。

　　從在地的校際交流到海外的國際交流課程研發歷程中，教師社群藉由對話討論，選定「C.社會參與」與「C3.多元文化與國際理解」作為四、五年級要培養的核心素養項目。由於慈濟人文校訂課程的精神與綜合活動學習領域相符，因此對應領綱的核心素養具體內涵為「綜-E-C3體驗與欣賞在地文化，尊重關懷不同族群，理解並包容文化的多元性」。接著依據「學習重點」的學習表現與學習內容訂出學習目標。「學習內容」偏向學習素材部分，「學習表現」偏向認知歷程、行動能力、態度的部分，二者需結合編織在一起，才能構築完整的學習。將現行的能力指標或認知、情意與技能教學目標改變為學習目標，對現場老師來說是較為陌生與困難的部分，因為新課綱以「學習重點」整合「知識」、「行動」及「態度」，並透過「覺察及省思」將此三者串連為三位一體，以求自我精進並與時俱進（洪詠善、范信賢，2015），這種轉化教師還在學習與適應中。

　　表1慈大附小校訂課程四年級與五年級教學主題規劃表，雖然課程

中包含的核心素養不只一項，但是，本文聚焦討論「多元文化與國際理解」該核心素養。四年級著重在認識原住民文化與慈濟文化並進行文化交流，五年級則著重在認識新加坡文化並與新加坡學生進行交流。

表1　慈大附小校訂課程四年級與五年級教學規劃表

總綱核心素養項目	C. 社會參與 C3. 多元文化與國際理解		
綜合活動核心素養具體內涵	綜-E-C3 體驗與欣賞在地文化，尊重關懷不同族群，理解並包容文化的多元性。		
主題軸	社會與環境關懷	主題項目	文化理解與尊重
單元名稱	幸福一家人：校際交流	世界一家親	
教學對象	四年級學生	五年級學生	
教學時間	6節240分鐘；交流學習1天	6節240分鐘；交流學習2天	
學習表現	3c-II-1 參與文化活動，體會文化與生活的關係，並認同與肯定自己的文化。	3c-III-1 尊重與關懷不同的族群，理解並欣賞多元文化。	
學習內容	Cc-II-1 文化活動的參與。 Cc-II-2 文化與生活的關係及省思。 Cc-II-3 對自己文化的認同與肯定。	Cc-III-1 不同族群的優勢與困境。 Cc-III-2 與不同族群相處的態度和禮儀。 Cc-III-3 生活在不同文化中的經驗和感受。 Cc-III-4 對不同族群的尊重、欣賞與關懷。	
學習目標	1. 覺察慈濟茶道與花道的文化意義，及其與生活的關係。 2. 蒐集並分享原住民學校的文化特色。 3. 規劃並分析適合原住民學校的慈濟人文交流活動。 4. 模擬校際交流情境，討論與歸納合宜的校際溝通技巧。 5. 實地參與文化活動，展現良好的人際關係，體驗文化交流	1. 覺察不同國家的文化差異，體會與不同族群相處時應有的態度和禮儀。 2. 探究新加坡文化，分析新加坡與臺灣的文化差異，了解各自的優勢和困境。 3. 規劃接待新加坡學生的迎新方案，並能相互分享與修正。 4. 展現尊重、欣賞與關懷的態度執行迎新方案，並視情況予以調整。	

	的樂趣並欣賞該校文化特色。 6. 評估文化交流的收穫，覺察慈濟人文對個人品格的陶冶，並樂於在生活中展現人文態度。	5. 評估國際文化交流的成效，省思、討論在多元文化中合宜的相處態度與禮儀，並將所學應用在日常生活中。
融入議題	多元文化教育	國際教育
教學方法	影片觀賞、合作學習法、體驗省思、實踐活動	
評量方法	口語評量、實作評量、同儕評量、心得寫作評量、檔案評量	

(二) 教學轉化策略

「多元文化與國際理解」素養的學習經驗應包含四個層次的學習發展：1.知識概念的了解；2.價值的建立；3.技能的培養；4.行動力的養成。教師社群在確認學習目標後，接著設計情境協助學生產生問題意識；然後透過資料蒐集、討論與報告，引導學生自主學習；最後規劃實踐活動與多元評量方式，強化與運用相關能力。以下從教師社群討論與組織教學活動、選擇教學方法、設計多元評量說明教學轉化的策略：

1. 教師社群討論與組織教學活動

雖然每個學生都可能有不同的社會文化認知，但在共通的文化生活經驗中，學生們仍擁有許多共享的知識，而這些部分就是教師著手培養「多元文化與國際理解」素養的最好起始點。在組織教學活動方面，教師先從概念的發展著手，連接學生已有的生活經驗，挑戰平常認為理所當然的舊有概念，透過討論讓學生重新建構新的概念，在處理一些文化的、生活的刻板印象時，特別需要如此。若是能舉例說明並且舉出反例來對照比較，將更有助於概念的釐清，例如（慈大附小五年級教師團隊，2016）：

> 新加坡學生即將來訪，當新加坡人說：『去還錢，去還錢。』請問你會怎麼做？為什麼新加坡人不喜歡別人對他說「恭喜發財」？（引自慈大附小五年級教師團隊，2016）

在培養多元文化與國際理解素養方面，尤其需要提出一些文化差異的爭議性話題，讓學生練習研究、思辨的功夫，透過省思與辯證，讓學生學習包容，培養尊重、接納的態度，進而激發改造文化、增進和諧的社會行動力。例如：

在交流過程中，觀察或體驗到原住民文化與我們的文化有哪些差異，和我們之前設想的有何不同？（引自慈大附小四年級教師團隊，2017）

將來若有機會與不同文化背景的人互動，我們可以做些什麼讓交流更順利？（引自慈大附小五年級教師團隊，2016）

　　在教學討論過程中，教師也發現「同理心」的教導非常重要，因此各種問題情境的設計，都是從學生自身出發，例如：

到一個新團體或環境時，你會擔心什麼？你希望對方怎麼做，才可以幫助你融入新團體或陌生環境？（引自慈大附小四年級教師團隊，2017）

新加坡菩提小學預計在學校停留兩天，他們可能有哪些需要？我們可以做哪些準備？除了我們準備的活動外，他們可能會遇到哪些問題？我們要如何協助他們？（引自慈大附小五年級教師團隊，2016）

　　面對學生不熟悉的原住民或新加坡學生時，透過深刻「設身處地」的同理理解，才可能進一步激發欣賞尊重的情懷，培養包容接納的胸襟，帶出積極的社會參與行為表現。

2. 選擇教學方法

　　「多元文化與國際理解」核心素養的重點是要激發對本土及國際社

會和文化的理解，進而鼓勵積極有效的社會參與行動。本課程在教學時特別注意教學情境的布置以及學習氣氛的營造，使用教學媒體、實物接觸及影片觀賞等，深入體驗不同文化的表徵與成就。此外，透過實際參與的「探究過程」，鼓勵學生主動尋找答案，並運用資料蒐集與報告、設計交流接待活動等不同的教學策略與學習活動，讓學生參與有系統的探索和學習，最後於活動後設計引導省思，激發學生的討論與辯證，進而澄清個人與他人的信念與價值（何縕琪、張景媛，2017），例如：

原住民有哪些不同於漢族的文化特色？這些文化特色可能讓原住民學生展現或具備什麼態度或能力？（引自慈大附小四年級教師團隊，2017）

在互動中，你們對新加坡文化有什麼新的發現？新加坡小朋友對臺灣文化有什麼不同的認識？（引自慈大附小五年級教師團隊，2016）

兩個年級的交流活動中，教師創造不同的機會讓學生觀察不同族群、不同文化背景的互動溝通行為模式，讓學生在身歷其境、親身接觸時，產生一種「感同身受」的學習。

3. 設計評量方式

「多元文化與國際理解」素養的學習，需兼顧知識概念的了解、價值的建立、社會技能的發展，以及社會參與行為表現等四個層面的評量。課程中，教師透過傾聽學生對於原住民學校和新加坡文化的觀點論述、觀察學生在參與校際交流或接待菩提學校學生的行為表現、蒐集學生的海報、簡報與學習心得寫作，並將上述資料彙集成學生的學習檔案。另外，在學生報告時，設計同儕互評表以檢核學生的學習狀況。總括來說，素養導向教學重視多元評量方式，讓學生在學習歷程中獲得提醒或肯定，了解自己的進步情形，並能據之朝向所預定的學習目標努力。

二 富北國中「認識函數」教學

(一) 教學設計理念

花蓮富北國中學區內族群多元，有布農族、阿美族、閩客、平埔與新移民等。教師團隊在教學中發現，目前函數所呈現的教學形式大多以代數公式形態爲主，對同一概念不同表徵間的轉換，經常在教學過程中被忽略，致使學生較無法體會函數和日常生活的關聯。爲了連結學校學生的布農族文化背景，教師社群透過原住民傳統文化，如祭事曆、命名方式、祭典等情境做問題導入，理解一對一、多對一及一對多的對應關係，幫助學生體會函數是一種生活中變數的對應關係（余采玲、張凱倫、李上白，2018）：

> 布農族的木刻畫曆記載著布農族族人的生活與生命（圖1）。作爲祭司祭祀儀式與指導族人從事農作的依據（圖2），畫曆的象形符號記錄農忙及打獵的經歷，共分爲八個時段，忠實呈現從開墾耕種到歡呼收割的過程，每一個雕刻符號各有所對應的事物。

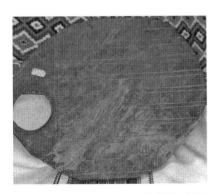

圖1　1994年南投縣信義鄉地利村發現的板曆

圖2　布農族祭事曆示意圖

　　接著，輔以一小段數學史增進學生對函數發展的認識，例舉身高、學號、溫度、周長及速度等5個生活問題，引導學生理解函數定義及判別，同時再以學習任務檢核學生的理解狀況。再次，透過腳踏車之距離計算及使用麥當勞甜心卡購餐實例，理解一次函數及常數函數，並以學習任務演練，幫助學生學習各類型函數的特徵及規律；最後學生透過小組討論進行同儕分享，進而自行擬題，體會函數可用於解決實際生活情境的數學價值。

　　教師從布農族人的生活記事中切入數學函數的學習內容，將抽象的數學和生活結合得非常自然，是一個很好的文化回應教學示例，也讓原住民學生對自己文化有更深入的認識與認同，呼應總綱「C3多元文化和國際理解」的核心素養。表2為認識函數的教學規劃表：

表2　富北國中認識函數教學規劃表

教學年級		八年級	教學時間	4節180分鐘
學習重點	學習表現	a-IV-1 理解並應用符號及文字敘述表達概念、運算、推理及證明。 f-IV-1 理解常數函數和一次函數的意義，能描繪常數函數和一次函數的的圖形，並能運用到日常生活的情境解決問題。	核心素養	**數學** 數-C3 具備敏察和接納多元文化的涵養、關心本土與國際事務，並尊重與欣賞差異。 數-A2 具備基本的算術操作能力，並能指認基本的形體與相對關係，在日常生活中，用數學表述與解決問題。 **原住民族語文** 原-J-B1 能運用原住民族語文表情達意，並能體察他人的感受，給予適當的回應，達成原住民族語文溝通以及文化傳承的目的。 原-J-C3 能比較閱讀族語文及非族語文，探索不同文化的內涵，學習並欣賞文化的差異性，認同自我文化，尊重與欣賞其他文化，了解多元文化的價值與意義。
	學習內容	F-8-1 一次函數：透過對應關係認識函數（不要出現 $f(x)$ 的抽象型式）、常數函數（$y = c$）、一次函數（$y = ax + b$）		

議題融入	學習主題	**原住民族教育** 原住民族的名制、傳統制度組織運作及現代轉化。
	實質內涵	原 J7 認識部落傳統制度運作背後的文化意涵。
學習目標		1. 結合原住民文化、生活情境設計問題，經由討論覺察函數和日常生活間的關聯，並探究對應關係的規律。 2. 經由討論，判別一次函數與常數的差異及求函數值。 3. 分析各種函數關係的情境題，練習擬出與生活相關的函數題，並嘗試解決問題。
評量方法		1. 藉由圖像、表格、代數式等進行分析，並自行擬題後與同學合作解題。 2. 理解並表達原住民文化祭事曆中一對一的關係。 3. 小組討論將日期與存錢數的一對一關係問題轉化為代數式問題，體會生活中的問題與函數的關係。

(二) 教學轉化歷程

「教學轉化」用以形容從抽象教學理念到具體實踐的教學設計與執行歷程。Shulman（1987）認為轉化是教師將其對教育目的和教學內容的理解，透過分析與詮釋、考量學生特質和學習情形後，選擇教學表徵與教學方法，以學生理解的方式進行教學的過程，而此過程與教師知識息息相關。一般人往往認為教學是經驗累積的過程，但是老師如何從對學生的觀察與對教材的了解中，選擇使用不同的教學方法，讓學生投入學習？Shulman認為這涉及學科教學知識（pedagogical content knowledge，簡稱PCK）的轉化，而轉化包含準備（preparation）、教學表徵（representation）、選擇（selection）及因應學生特性（adaptation and tailoring to student）四個過程。

位處偏鄉的富北國中，學生族群背景多元，現任校長與教師社群在研擬校訂課程時，即朝多元族群文化面向思考。面對十二年國教的推動，校長身兼行政與課程領導角色，也希望從自身專長的數學領域著手創新，除了參與研習外，更引進國教院、大學教授等專業資源，並申請

各項計畫經費推動相關業務。為了讓課程更加精緻且有結構化，社群教師主動發起共備工作坊，討論出學生的學習圖像，並以學校行事曆為經、族群文化特色為緯，共構出七到九年級混齡式的族群文化課程。而八年級的函數教學，則是跨領域教學的一項嘗試。

和所有前導學校一樣，教師們剛開始對於素養導向教學的意涵與執行策略相當陌生，在專家與教授帶領下，針對素養導向教學設計與實施的原則進行對話和釐清：透過脈絡化的問題，引導學生運用適切的學習策略去探究問題，從探究歷程中建構知識、技能、態度，並且安排機會讓學生將習得的知能實踐於生活中（何縕琪、張景媛，2017）。上述原則看似簡單，但是富北團隊近三年來，不斷透過一次又一次的教學研究會議與各領域教師深度對談，串聯學校特色與學生圖像，逐一開展課程目標、教學策略與評量等。不論是原住民籍或漢族教師，大家最感困難的是，如何分析與詮釋領域教學內容和族群文化，重新釐清學習目標，並將教材文本重新加以組織與教學。

富北國中全校學生約有100位，其中三分之一是中、低收入戶，60%來自單親或隔代教養，面對這些弱勢條件，學校教師居中扮演「轉化器」角色，對於哪些部分會有迷思概念困擾、是否需要做某種程度的「翻譯」等，皆須有所掌握和判斷（唐淑華，2011）。尤其數學所涉及的「表徵」相當抽象，如何經由問題情境鋪陳、例題、實地示範及解釋，以及引導學生合作擬題與解題中，不斷搭建學習鷹架，讓學生得以理解並內化，著實讓教師團隊耗費不少時間與心力。在執行的過程中，社群教師發現需先引導學生判讀布農族祭事曆的內涵，因此函數教學的第一節課內容，運用校訂課程多元文化主題課程中進行，接著上數學課時只要提出布農族祭事曆的內涵和數學函數的概念，學生就能了解生活中的事物和函數的關係。

面對這波教學革新，不論是採用創新教學方法或運用先進資訊科技，若想真正促進教學變革，主要關鍵還是教師在使用時，能夠對於自身的課程觀、教學角色與教學信念有所改變、轉化與再生的緣故（余政賢、梁雲霞，2008）。令人感動的是，富北教師社群在不斷進行課程研

發、教學轉化以帶給學生多樣而豐富的學習經驗歷程中，對於課程意識與教學專業也漸趨成熟，不僅展現自信與精進，也體現了十二年國教自發、互動、共好的理念。

伍 結論與建議

一 結論

2011年教育部頒布《中小學國際教育白皮書》，揭櫫國際教育的目標為「國家認同、國際素養、全球競合力與全球責任」，以培養臺灣學生寬廣的全球視野與厚實的國際能力（教育部，2011）。其中，「全球競合力」重視強化學生參加國際交流活動所需的多元外語能力、專業知識與技能，並鼓勵學生體驗國際競爭與合作經驗，厚植邁向國際舞臺的實力；而「全球責任感」強調從日常生活中養成生命共同體的概念，提倡世界和平的價值，進而產生對整個地球村的責任感。

慈大附小的校訂課程從在地理解到國際理解，培養學生的觀察力，體驗不同族群文化的差異，為未來國際移動做準備。從Banks（2010）多元文化課程設計的取向來看，慈大附小的設計與實踐為附加取向，在不改變既有課程架構下，納入原住民、新加坡文化的學習和交流活動，加深、加廣學生對該族群、國家文化的了解，以達成國小「多元文化與國際理解」總綱核心素養之培育：「具備理解與關心本土與國際事務的素養，並認識與包容文化的多元性。」從文化回應教學的觀點來看，教師運用情境案例、多媒體教學、網路資源和交流體驗，讓不同學習風格的學生認識原住民、新加坡的文化特色和生活習慣，對其文化樣貌產生深刻印象（Gay, 2010）。此外，採取合作學習模式，學生分組完成報告，展現對同儕互動的理解與包容，並進一步藉由交流後的心得寫作，了解學生與不同族群的溝通互動成長和情意展現。

富北國中的數學教學設計，融入該校布農族學生的文化，從原住民觀點審視數學概念，進行教學結構和內容的改變，培養原住民學生對

文化的認同，屬於轉型取向（Banks, 2010）。而原住民與漢族教師在教學研發歷程中，透過對話討論提升文化敏覺度，並進行行動試探與轉化，以開展學生的多元文化意識、實踐多元文化教學（Gay, 2010），與郭李宗文（2009）、熊同鑫（2009）、Moses等人（1989）發展的文化回應教學理念相似。

二　建議

(一) 運用跨領域學習深化課程

由於學習時間的限制，慈大附小校訂課程之設計與實踐在「全球競合力」和「全球責任感」的學習相對不足，未來可以透過跨領域學習，嘗試深化「多元文化與國際理解」素養，例如：結合社會、自然與藝術人文領域，規劃「族群文化創新」小專題，從四年級認識花蓮原住民的族群特色和優勢後，與交流學校學生一同設計製作部落徽章或拍攝明信片，在五年級的校際交流活動中介紹給新加坡學生，再請新加坡學生帶回學校介紹給其他師生和親友。另外，請新加坡學生返國後探討一個當地社區或鄰近國家的多元族群議題，於次年交流時介紹給臺灣學生，以涵養學生覺察和詮釋世界樣貌的素養，讓交流不再僅是短暫的停留，而是成為連結在地與全球的國際平臺。

(二) 培養教師多元文化課程轉化及批判意識

在教學場域中，面對多元文化議題，Hollins（2008）指出，學校教師的三種可能類型：文化傳遞者（cultural transmitter）、文化協調者（cultural mediator），以及文化轉化者（cultural transformer）。從慈大附小和富北國中所設計的課程教學來看，教師較偏向文化協調者角色：具有族群關係運動成分，緩解群際之間的互動關係。教師雖未抱持同化意識形態，只扮演主流優勢文化再製的文化傳遞者角色，但若要進一步提升至具省思批判、追求社會正義行動的文化轉化者角色，未來仍須更聚焦於教師個人微觀的心靈層次，並將此微觀層次連結於鉅觀歷史

脈絡與社會結構的轉化式教師專業發展（黃純敏，2014）。在教師社群
對話中，為了連結自我、族群文化與社會結構以獲得轉化式教師專業
發展的能動性，可以採用Hollins向內的探究之旅（journey inward）建
議：透過對自我的了解與社會的覺察增能自己，進而在思想、情意態度
與行為層面上，做出跟自己有差異者互動及參與並貢獻社會的決定。

參考文獻

江淑卿、陳淑芳、鄭芬蘭、馬祖琳（2009）。原住民兒童科學探究主題教學之發展與
　　實踐：運用文化取向之圖畫書融入科學探究教學模組。刊於中華民國第25屆科學
　　教育學術研討會論文集。臺東：臺東大學教育系。

何縕琪、張景媛（2017）。素養導向人文教育的設計與實施。載於洪詠善主編：**2017
　　第36屆課程與教學論壇「適性學習・跨域連結」**（頁33-53）。新北市：國家教
　　育研究院。

何縕琪、許木柱、江瑞珍（2008）。原住民文學閱讀教學對學生族群意象發展之效
　　應：以花蓮縣一個國三班級為例。當代教育研究，16(2)，1-44。

何縕琪、賀儀慶、許木柱（2008）。根與翅膀：一個太魯閣班級的文化回應教學研
　　究。刊於白亦方主編，課程與教學改革：理論與實務（頁74-94）。臺北市：高
　　等教育文化事業。

余采玲、張凱倫、李上白（2018）。認識函數。載於106學年度十二年國教前導學校
　　協作計畫：東區前導學校期末發表會素養導向課程與教學實務研討下午場手冊
　　（頁89-114）。慈濟大學師資培育中心主辦，花蓮市。

余政賢、梁雲霞（2008）。轉化與再生：資訊科技融入課程設計之實踐省思。課程與
　　教學，11(3)，129-154。

呂煦屏、蕭月穗（2010）。自然與生活科技文化回應教學初探——以一所布農國小植
　　物 單元為例。摘自網頁http://www.nhu.edu.tw/~society/e-j/87/A16.htm

李奇憲（2004）。提升國小原住民學生國語科學業成就之行動研究。國立花蓮師範學
　　院多元文化教育研究所碩士論文，花蓮。

林美慧（2003）。文化回應教學——以一個泰雅族小學五年級社會科教室為例。國立

花蓮師範學院多元文化教育研究所碩士論文，花蓮。

唐淑華（2011）。眾聲喧嘩？跨界思維？一論「教學轉化」的意涵及其在文史科目教學上的應用。教科書研究，**4**(2)，87-120。

國家教育研究院（2018）。十二年國民基本教育國民中小學暨普通型高級中等學校議題融入說明手冊（暫定稿）。新北市：國家教育研究院。取自https://www.naer.edu.tw/ezfiles/0/1000/img/67/160793702.pdf

教育部（2011）。中小學國際教育白皮書。臺北市：教育部。

教育部（2014）。十二年國民基本教育課程綱要總綱。臺北市：教育部。

郭李宗文（2009）。具體化在地化數學活動對小一原住民學童學習效能的影響：量化研究的結果。載於中華民國第**25**屆科學教育學術研討會論文集。臺東：臺東大學教育系。

黃純敏（2014）。原住民教師文化回應取向的課程與教學。載於轉化的力量：多元文化課程與教學研究（頁121-168）。臺北市：學富文化。

慈大附小五年級教師團隊（2016）。慈濟人文校訂課程「世界一家親」教學設計。未出版。

慈大附小四年級教師團隊（2017）。慈濟人文校訂課程「校際交流」教學設計。未出版。

熊同鑫（2009）。融入阿美族文化之國小一年級數學教學研究。載於中華民國第**25**屆科學教育學術研討會論文集。臺東：臺東大學教育系。

臺北市政府教育局（2011）。**2011-2016臺北市全球教育白皮書**。臺北市：臺北市政府教育局。

劉美慧（2000）。建構文化回應教學模式：一個多族群班級的教學實驗。花蓮師院學報，**11**，115-142。

劉美慧（2017）。多元文化教育與國際教育的連結。教育脈動，**12**，國家教育研究院。

鄭美瑜、李壹明、邱健銘、魏秀蘭、黃琪、鄭毓瓊、李宜樺、陳光鴻（2018）。跨域素養導向課程設計—2030移工知多少？中等教育，**69**(1)，95-122。

譚光鼎（1998）。原住民教育研究。臺北市：五南。

Armento, G. J. (2001). Principles of a culturally responsive curriculum. In J. J. Irvine, B. N. Armento, V. E. Causey, J. C. Jones, R. S. Frasher, & M. H. Weinburgh (Eds.), *Culturally responsive teaching: Lesson planning for elementary and middle grades* (pp. 18-33). Boston: McGraw Hill.

Banks, J. A. (2010). Race, ethnicity, and language. In J. A. Banks & C. A. M Banks (Eds.), *Multicultural education: Issues and perspectives* (7nd ed.) (pp.229-256). Boston, MA: Alley & Bacon.

Brown, D. F. (2003). Urban teachers' use of culturally responsive management strategies. *Theory into practice, 42*(4), 277-282.

Cole, D. J. (1984). Multicultural education and global education: A possible merger. *Theory Into Practice, 23,* 151-154.

Gay, G. (2000). *Culturally responsive teaching: Theory, research, and practice.* New York: Teachers College Press.

Gay, G. (2010). *Culturally responsive teaching: Theory, research and practice* (2nd ed.). New York: Teachers College, Columbia University.

Hammond, L. (1997). Teaching and learning through Mien culture: A case study in community-school relations. In G. D. Spindler (Ed.), *Education and culture process* (3rd ed.) (pp.215-245). Prospect Heights, IL: Waveland Press.

Hicks, D., & Holden, C. (2007). *Teaching the global dimension: Key principles and effective Practice*. London, England, UK: Routledge.

Hollins, E. R. (2008). *Culture in school learning: Revealing the deep meaning (2nd ed.)*. New York: Routledge.

Irvine, J. J. (2001). The critical elements of culturally responsive pedagogy: A synthesis of the research. In J. J. Irvine *et al.* (Eds.), *Culturally responsive teaching: Lesson planning for elementary and middle grades* (pp.2-17). Boston: McGraw Hill.

Moses, R., Kamii, P. M., Swap, S. M., & Howard, J. (1989). The algebra project: Organizing in the spirit of Ella. *Harvard Educational Review, 59*(4), 423-444.

Shulman, L. (1987). Knowledge and teaching: Foundations of the new reform. *Harvard Educational Review, 57*(1), 1-22.

洪如玉

壹 導論

　　我國已經從2014年8月1日起推動十二年國民基本教育，自108學年（即2019年）逐年實施，十二年國民教育課程與九年一貫課程的其中一關鍵差異在於以「核心素養」取代了「基本能力」，根據國家教育研究院（2015），此二者差別在於：

> 核心素養是指一個人適應現在生活及未來挑戰，所應具備的知識、能力與態度。「素養」要比「能力」更適用於當今臺灣社會，「核心素養」承續過去課程綱要的「基本能力」，但涵蓋更寬廣和豐富的教育內涵。
>
> 爲了培養學生的核心素養，學校教育不再只以學科知識作爲學習的唯一範疇，而是彰顯學習者的主體性，重視學習者能夠運用所學於生活情境中（國家教育研究院，2015，頁2）。

　　由上述可知，「素養」成為目前我國課程教學改革的重要目標，也是國際課程教學改革的核心概念，國內學者中，蔡清田（2010a、2010b、2010c、2011a、2011b、2011c）對於「素養」的意義與內涵特別有精闢分析與討論，因釐清比較「核心素養」與「基本能力」二概念之異同非本文主旨，本文不再複述。本文的主要目的在於回應當代迫切的環境危機，從「生態思維」角度探討：生態素養的內涵與意義，並探討生態素養的課程教學之內涵。

貳　生態素養的意義：David Orr的觀點

　　生態素養內涵之研究可先從已在國內外環境教育學界普遍接受的「生態素養」（ecological literacy）開始，最初提出生態識讀概念且受到廣泛認可的學者是美國環境研究暨政治學者David Orr。Orr於1992年出版《生態素養：邁向後現代世界的教育與轉變》（*Ecological Literacy: Education and the Transition to a Postmodern World*），在書中指出生態素養是一種持續追問的能力，能夠不斷問：「然後呢？」（What then?）。literate就字面意義而言原本意指識字讀書、可讀寫算的知能，但此種識讀能力的定義可說是過時的看法，因現代課程教學的內容覺不僅止於讀寫算，現代的基本識讀能力應當納入新時代所需或普遍運用的能力，因此在不斷追問之下，我們會發現許多新知能應納入基本素養的內涵，例如資訊科技能力、媒體識讀知能（Orr, 1992）。因此，廣義而言，literate意指一種受過教育而能將所學運用於思考與行動之知能。

　　Orr並沒有對於生態素養提供一個非常清晰概念定義或操作型定義，但是Orr的看法在環境教育與環境倫理領域仍相當重要，Orr認為培養生態素養的教育不同傳統識讀教育，有以下兩點原因：

1. 不同於傳統侷限於室內的識讀知能，生態素養著重的自然直接體驗、觀察與參與。

2. 傳統侷識讀知能在於追求知識，生態素養在於感受到世界、自然、萬物、生命的驚嘆（wonder）（Orr, 1992）。

此外，Orr（1992）也指出生態素養有六點基本認知：

1. 所有教育都是環境教育。Orr在此所說的環境教育是廣義的教育，並不僅止於透過自然科學技術理解與處理環境議題的教育，而是綜合性跨學科領域界限的教育。

2. 環境議題相當複雜，因此並非單獨學科或學門所能涵蓋。因此，跨學科、融合多元學科領域的教育是環境教育所需的。而且所涵蓋的學科不只在自然科學，也包括人文社會學。

3. 將人類或其他生物視爲居住者而言，教育是居住者與居住地之間的對話。

4. 教育的內容（課程）與教學過程一樣重要，因此教學不應只在教室裡，課堂外眞實情境的參與爲重要關鍵。

5. 在自然環境中的直接經驗是理解環境和培養思維的重要元素。

6. 建立永續社會的教育能夠促進學習者面對自然系統的能力與素養。

Orr指出，基於上述六點，生態素養的課程教學所要達成的目的則是一種「地球中心教育」（earth-centered education），以整個地球爲場域，我們與地球上所有生物息息相關，在此，Orr也提及competence一詞，他說：「有生態素養的人（the ecologically literate person）具有掌握相關性必備知識，也有關懷的態度。以此知識與情感爲基礎，他就有付諸實踐的competence。competence來自於實作或Alasdair MacIntyre所說的『實踐』。知識、關懷與實踐competence組合爲生態素養（literacy）。」（Orr, 1992, p.92）Douglas Kellner（2000, p.197）也主張「在我的概念中，literacy含括可有效運用在溝通與表徵社會建構形式的competence」。由上述可知，Orr與Kellner都認爲生態素養（ecological literacy）包含知、情、意三個面向。

在此，本文也要針對competence與literacy兩個語詞做一澄清，Orr與Kellner對於「素養」與「知能」兩個語詞的定義顯然恰巧與國內課

程學者相反，國內學者蔡清田（2010c、2011a、2011b）將competence翻譯為素養，他認為素養的內涵比literacy更廣，而蔡將literacy翻譯為「知能」。他認為，competence包含知識、能力、態度，而literacy並無態度面向。但是從上段對於Orr觀點的討論可知，Orr的生態素養（ecological literacy）包含著知情意三面向，Orr的literacy概念的內涵符合蔡清田對competence的定義，二者在中文都翻譯為素養一詞，因此本文所說的「素養」一詞，無論在英文是competence或literacy都蘊涵著廣義的知識、實踐能力與情意態度。

　　值得一提的是Orr將生態素養連結到博雅教育（liberal arts），博雅教育原字義為自由教育，在西方教育史可追溯到希臘時代、中古時期到文藝復興時期的自由七藝教育，至今，博雅教育意指全人教育（Mehrens, 2016），博雅教育在於廣博豐富素養，不同於專業教育或職業教育，博雅教育的目的不在於培養特定學科專家或某種職業行家，而是一個具有人文涵養、可全面思考的豐富素養者（鄒川雄，2008）。今日的博雅教育大多被理解為通識教育。在美國二十世紀的永恆主義（perennialism）與名著計畫（Great Books project）可說是博雅教育在高等教育的古典精神復甦，美國代表人物包括Robert Hutchins、Allan Bloom等，Orr則針對Bloom博雅教育課程提出批判。

　　Allan Bloom（1987）是美國著名政治學者與保守主義思想家，他最著名的著作即《封閉的美國心靈》（*The Closing of the American Mind*），Bloom批判許多美國社會現象如搖滾樂、性開放、離婚率上升等等，他指出這些社會腐化與教育各種問題是因為高等教育失敗，而高等教育失敗又在於忽視傳統古典人文的自由教育，他主張高等教育應當重視古典人文經典教育。面對此保守主義論點，Orr其實並不以為然，他反過來批判Bloom忽略現實，經典名著成為高高在上的抽象作品，無法面對現實問題，尤其是古典名著所不曾處理的當代生態問題、環境危機，因此，Orr指出，如果博雅教育目的在於培養「全人」，借用Glenn Gray的話，這樣的人「應當理解自我與周遭生命——人類或非人類——是緊密不分的，他就應該更關心周遭一切生命」（Gray, 1984, p.34）。博雅教育所培養的人不只會欣賞古典名著而已，而是能以一種全面而整全的態度面對眞實世界，處理問題，理解自身是全世界生物社群的一分子，透過博雅教育培養全人，博雅教育課程不僅只有古典名著，Orr建議增加與環境、技術、生態、自然。永續性等方面的著作。如此方可培養具有生態觀點、生態知識與實踐能力、生態素養的人（ecological literate）。

 ## 探索生態素養：生態智慧觀點

　　除Orr的生態素養觀點之外，如何建構與理解生態素養的內涵？研究者認爲必須從「生態智慧」（ecosophy）觀點來思考並豐富對生態素養的理解。「生態智慧」一詞是由挪威哲學家Arne Naess提出，他指出：

> 所謂「生態智慧」，我指的是一套生態和諧與均衡的哲學。一套哲學是某一種智慧，是具有規範開放性的，可以同時包容與我們身處的宇宙有關的一切規範、規則、假設、價值優先的主張。智慧就是政策智慧與規約，並非科學性的描述與預測（Drengson & Inoue, 1995, p.8）。

Naess認爲生態智慧或生態哲學是一套能夠讓主體在關懷生態的前提下，進行自我評價、自我規約的想法，但並非如同自然科學理論一般具有因果的嚴格要求，每個人都可以透過探索而建構一套生態智慧，因此生態智慧是開放性的思考系統，Naess就自稱其生態智慧爲「生態智慧T」（洪如玉，2010）。

因此，其他學者對於生態素養可能會有不同的意義。

　　受Naess的啓發，洪如玉（2010）研究建議，生態智慧的內涵可以區分下述四面向：生態理性（eco-reason）、生態倫理（eco-ethics）、生態審美（eco-aesthetics）、生態愛（ecophilia），以圖1表示構內涵念。

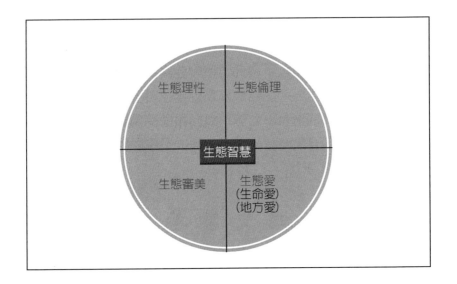

圖1　生態智慧構念圖

資料來源：作者

　　「生態理性」意味著：「將理性的範圍擴展到片面理性所忽略、排斥『非主題意涵地帶』——身體、感官、知覺、情緒、意志、審美等非理性的向度，將偶然性、曖昧性、模糊性涵攝進來。」（洪如玉，2010，頁236）一般而言，理性是人類運用理智思考、推理、判斷的能力，著重於客觀、價值中立，不受情緒或個人主觀偏好影響而追求眞理的能力，運用理性的理想是人類可以掌握恆定不變的眞理，此種理性也是一般所說的「科學理性」或「科技理性」，「科技理性」著重於價值中立、預測與控制，進而將利益極大化，甚至掌握客觀眞理。相反地，「生態理性」不同於「科技理性」，而在於彈性與開放，強調人類的情境性與特殊性，也尊重個體的主觀情感。

而「生態倫理」則是「人類真正回到自身存在根本的倫理學，環境問題是身體主體存有的問題，而不只是個技術問題或科學問題。整個地球與生態系就是身體主體——生態主體行動、責任、自由抉擇的場域與境況，也是倫理思考、行為發揮的責任場域。因此，自由、責任、行動的場域不止於傳統倫理學所主張的人文世界而已，而擴及自然動植物界與無生命界，在教育上，必須更重視人與其他物種、物質世界的關聯及其間的責任倫理意義。」（洪如玉，2010，頁240）道德倫理考慮的對象不再只是人類，而是廣及於其他生命機體與無生命的物質環境。倫理學的核心概念是「價值」，什麼樣的價值是生態倫理應重視的，當價值衝突時，應如何基於生態倫理與生態理性地思辨來抉擇，這都是生態倫理與生態智慧素養的課程與教學應納入的元素。

　　「生態審美」則是「整體地球生態系是審美活動的奠基蘊義：首先，大地不僅是創造表達體現的基礎，使審美、鑑賞、欣賞活動得以運作，並且是審美的主體與對象。」（洪如玉，2010，頁240）因此，整個生態系都是審美的對象與基礎，雖然非人類的生命體或大自然無法提供審美判斷或決定，只有人類能夠進行審美活動與判斷，當人們進行審美鑑賞或創造活動時，不能單純以人類需要或喜好為依據，必須考量其他生命的存續與否，以及生態系的健康與平衡。生態美的意義是什麼、人類判斷美的決定與行動要如何與生態系統的完整健全配合，這也是生態智慧素養的教育應重視的內涵。

　　「生態愛」概念則是研究者構思多年後重新提出定義的概念。研究者於2010年所定義的生態智慧四向度為生態理性、生態倫理、生態審美、生命愛，「生命愛」（biophilia）是生物學家E. O. Wilson所提出的，bio是生命、生物的字源，philia為希臘文的「愛」，Wilson（1984, p.1）定義生命愛為「某種關注生命與生命類似過程的傾向」，揭示親近生命、愛好生命是生物的天性。研究者在多年前以生命愛作為生態智慧的第四個向度，然而，經過多年研究與反思，研究者認為僅僅論述親近生命的天性，尚無法表達出人類親近自然生態系統的本質與美好情操，我們必須還要對於非生命的物質與環境具有關懷的情感，關愛生命

還必須顧及生存所需的環境。而華裔美籍學者Yi Fu Tuan提出的「地方愛」（topophilia）正可以補足生命愛在概念上的不足（Hung, 2017），topos意思就是「地方」，topophilia顧名思義就是「地方愛」，Tuan（1974）定義爲「人類對物質環境的情感性連結」（p.93），因此研究者（Hung, 2017）以生命愛和地方愛兩個概念作爲定義生態愛的兩個面向，生命愛意味著人類關注各種生命形式的傾向與天性，地方愛意指人類與周遭各種物質環境及其環境成分的感性連結，生態愛是人類親近關注生命及其環境的連結。

綜合上述，本文認爲，生態素養的意義可定義爲培養個體生態智慧，包括生態智慧的內涵知識、肯定生態智慧的情感、將生態智慧付諸實現的能力與實踐。而生態智慧包括四個面向：生態理性、生態倫理、生態審美與生態愛，生態素養就是具有生態理性、生態倫理、生態審美與生態愛的知能並將其實踐的意願與能力。生態素養即生態智慧素養。

肆 生態智慧素養的理論與實踐：人類非中心思維

行文至此，需要我們反思的一個問題是：如前述生態智慧中的生態愛表達是一種天性，爲何世界上出現這麼多破壞環境的舉動？破壞環境豈不是一種違背天性的行爲嗎？人類是否會做出違背天性的行爲，這是個深刻而複雜的問題，可能可以從心理學、社會學、人類學、倫理學等許多角度來探討，例如：雖然人類有親近自然的天性，但是當開發（或破壞）大自然獲得巨大經濟利益，追求利益是否也是人類本性之一？在價值衝突下，人們會做什麼樣的選擇？又「應該」如何選擇？又再者，如果爲了親近大自然而建造可快速深入大自然的交通工具或連結道路，但此種建設又反過來破壞自然環境與生態系統的平衡，或者因爲許多人潮而破壞環境，此種建設是可行的嗎？本文無意回答此類問題，因爲解決此種問題必須就具體個案的各種真實條件來考量，並從多種角度切入思考。在此，從生態智慧素養的教育角度來看，研究者認爲

教育能提供課程教學的改革，提供學生更豐富完整的教材，培養學生審慎思考與行動的知能，如何發展可培養生態智慧素養的課程教學，本文提出「不以人類爲中心」——也就是「人類非中心」（anthropo-non-centric）的思考方式（洪如玉，2010），此種思考方式有兩個重點：

一、人類非中心的思考方式跳脫人類利益的思考模式。

二、人類非中心的思考方式不以個體自身利益爲唯一出發點。

本文認爲生態智慧素養並不以人類爲中心而思考，此論點並不是說人類要自我犧牲或要犧牲人類來成就非人類，重點是，人類非中心的思考方式不以人類物種的利益爲最優先，在價值衝突與抉擇時，也必須思考其他物種與物質環境的需求，而不是「只」從人類需求或欲求出發。例如古人因生存所需而打獵，從動物身上獲得皮毛與食物，今日人類禦寒可以有許多種選擇，不只是動物皮毛，在此種情況下，爲皮毛獵殺動物就是純粹只爲滿足人類慾望的作爲，此種作爲是明顯違反生態倫理的，同時，也違反生態審美；有人可能會反駁，認爲皮毛大衣具有難以取代之美，但是，皮毛大衣之美是從人類角度觀看，並非從人類以外的角度來思考。

再者，人類從事農業活動生產糧食，也是爲人類或其他生物（例如畜養動物）生存所需，因此農業活動的存在是有意義的，但是農業活動的過程必須同時考慮非人類物種與物質環境的健康與存續，使用農藥大量殺蟲或除草可能就是違反生態智慧的作法。爲生產糧食除草或除蟲並非不可以，而是除草或除蟲的程度與作法，必須考慮採取不同作法對於環境造成的影響是大或小、長期或短期、對環境友善與否、不同藥劑對環境與生物的不同影響、受影響的生物或物質條件的各種狀況，生態智慧素養促使人們能夠審慎考慮這些因素，而不是只爲達到方便、快速、創造最大利潤等人類自身利益的目的。

再深究上述事例，根據民間團體「上下游新聞市集」的獨立記者報導（蔡佳珊，2017年5月23日），依據行政院國家永續發展委員會「永續發展指標之評量」之「每公頃農地農藥使用量」指標的計算方式，我國除草劑銷售量不僅是世界各國中單位面積使用量最高而且還在逐年升

高；僅在2016年，我國除草劑銷售總量達到20,680公噸。此報導揭示出一個值得警覺的事實，為何我國農業生產並非占世界前茅，而除草劑用量卻如此之高？從個體角度反思，就研究者本身接觸鄉間居民的經驗而言，有個別居民認為，使用除草劑簡單、方便、省時又省力，否則在酷暑下割草太辛苦。此論調時有所聞，研究者認為農民辛勞不容否認，但是使用除草劑造成土地長久的破壞所付出的代價可能更大，是否有其他替代方案如利用有機栽種或物種平衡來提高產量，相關單位應研議推動。再者，從人類與非人類及環境的關係來探討此問題，除草劑用量如此之高對我國農地生態系有何以影響？是否可能產生糧食農藥殘留的問題？又如何避免？我們現在所推動的環境教育、食農教育是否也應該把此相關課題納入討論？除飲食安全之外，過多除草劑使用是否改變景觀？如果這樣多的除草劑不只用在農地，其他哪些地方也用了除草劑？馬路？公園？普遍性的大量使用除草劑是否會影響農民、都市居民、其他生物與環境健康？再者，我國消耗如此高用量除草劑，如何營造環境友善與具有生態永續性的土地？對除草劑如此高度依賴，反映出國人對於土地、植物、昆蟲等非人類生命抱持的倫理與審美態度是什麼意義呢？

上述事例的討論顯示出人類非中心思考的探討模式的應用，並非固定的絕對標準，重點是，不是只以人類或個別當事人角度進行思考，而能儘量將其他物種與環境納入考量。

伍 培養生態智慧素養的課程與教學建議：以具體議題為核心

最後，如何發展可培養生態智慧素養的課程與教學呢？學者Nair、Jones及White（2002）曾經以Orr的生態素養為基礎，試圖提出發展環境素養（environmental literacy）的課程教學建議，可作為參考，其步驟如下：

1. **探討環境素養的核心知識範圍**

Nair、Jones及White（2002）提出八個知識領域作爲環境素養的核心知識範圍，包括：

- 大氣、岩層、水體、生物圈和人類系統的互動關係；
- 熱力學第一和第二定律及能量平衡；
- 物質平衡保育原則；
- 生態結構與生物演化；
- 人口成長與資源消耗；
- 產業生態學與生命週期分析；
- 風險計算、溝通與管理；
- 倫理規範（Nair, Jones, & White, 2002）。

2. **探討環境素養教學的必要條件**

- 系統性的取向；
- 發展具實作性的環境知識；
- 發展核心環境知能知識：分析、綜合、評鑑。

3. **發展環境素養的課程**

- 發展課程模組；
- 發展環境決策技巧。

Nair、Jones及White（2002）的環境知能課程觀點相當強調環境自然學科專業知識，缺乏本文所主張的生態智慧素養的審美面向與情感面向，但其發展課程的步驟與順序可作爲參考，也就是先界定出核心知識領域，包含理念與目標，再以其爲根據發展課程架構。

Erfoğan、Kostova與Marcinkowski（2009）則提出六個向度作爲培養環境素養的課程之主要元素：

- 生態知識：意指生態概念、生態原則、生態理論，以及生態系統運作及其與社會系統互動的過程所涉及之相關知識；
- 社會政治知識：理解各種文化體系中的環境價值、信念、政治系統之互動，也包括從生態角度看人類文化活動（包括宗教、政治、經濟、社會等）如何影響環境，此外還包括如何採取公民環

境行動之相關知識；

‧環境議題知識：理解環境議題來自於人類與環境互動的結果，並理解從各種不同知識資源尋求解決；

‧情感：從人際之間的關係反省環境問題，並產生環境行動的意願；

‧具有環境責任的行為：培養個體責任感並付諸實踐；

‧認知技能：分析、評價環境議題之相關資訊，並可進行環境計畫、抉擇適當的環境行動、評鑑與實踐。

比較上述二者，Nair、Jones及White（2002）的觀點將環境素養的知識內涵分為八個面向，並未提及情意態度方面的培養，其知識內涵偏重於自然科學知識，八向度中僅有第八向度的知識為倫理規範，而所謂倫理規範不同於培養環境關懷與行動力，而是側重於倫理知識，但是Nair、Jones及White（2002）的觀點在第二與第三點則提出教師教學與編製課程之建議；相較之下，Erfoğan、Kostova與Marcinkowski（2009）的觀點將焦點放在課程知識內容上，但其知識內涵則涵蓋自然、人文、社會科學等領域的跨領域知識，但是並未提出在教學方面的建議，二者各有偏重。因此，綜合上述，本文統整為兩點建議，作為發展具有生態智慧素養的課程教學改革的參照：

一　定義生態智慧素養有關之知識學科範圍

本文以下圖2為例。下圖提供生態智慧素養可能牽涉的知識範圍的相關學科，但並不能窮盡所有可能相關的知識或學科，因為知識生產與學科演進日新月異，作者在此主要為提供一可能的參考座標，作為設計課程之參照。

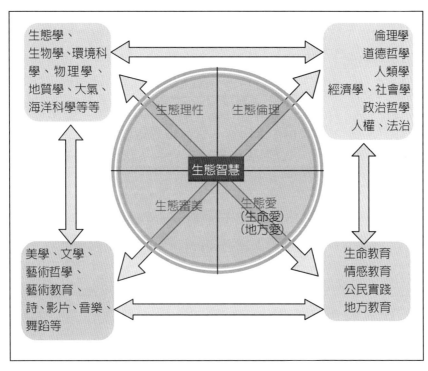

圖2　生態智慧素養知識範圍相關學科

資料來源：作者

二　發展以在地具體環境議題取向的跨領域課程架構

　　由於生態問題與環境問題牽涉的範圍相當龐大且複雜，培養生態智慧素養並不意味著培養生態專家，因此培養生態智慧素養並不意味著將上述生態素養相關的龐大知識全部融入在課程中，重點在於培養個體具有生態理性、生態倫理、生態審美與生態愛，具有生態取向的情意與感性人格。在此前提下，研究者認為，培養生態智慧素養的課程應以在地環境議題為經緯，進行跨領域的課程設計，研究者曾經以「地方」概念為核心，探討跨人權教育與生態教育的課程設計（洪如玉，2016）。然而，嚴格而言，生態智慧素養的範圍涉及的領域不僅止於人權教育與生態教育。廣義而言，正如Orr（1992, p.90）所說：「一切教育都是環境

教育」，我們也可以說：「一切教育都關乎生態智慧素養」，從各種領域的理性知識、價值、倫理、審美、情感的評斷、抉擇與實踐，無一不與生態智慧有關。各種學科領域的課程與教學，提供生態智慧素養的基礎，除此之外，教師可編製以在地議題為軸線的跨領域課程，進一步深化學生的生態思考與情懷，並鼓勵學生的生態實踐。下圖3以近年國內日漸嚴重的「空氣惡化議題」為例，探討培養生態智慧素養可能涉及的課程概念與學科領域，以前述Orr環境素養的不斷提問為參照，在不同的領域可提出探究並待解決的系列性問題：

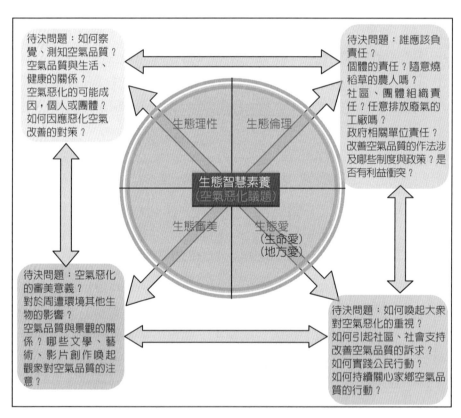

圖3　以空氣惡化議題核心之生態智慧素養課程架構

資料來源：作者

　　圖3所提出的待探討與待解決問題只是原則性的，編製教案時有更多細緻的問題需要進一步研究探討，以空氣惡化爲例，教師可以參酌生態理性、生態審美、生態倫理與生態愛四面向提問並設計單元教案，生態理性範疇的待決問題與可對應之學習領域可能包括下述：

表1　生態理性範疇提問與對應學習領域：以空氣惡化為例

提問	對應之學習領域
1. 如何察覺、測量空氣品質？如何提出科學證據？ 2. 造成空氣品質惡化的原因可能有哪些因素或來源？ 3. 空氣品質對於人類生活、生物健康有何影響？ 4. 空氣品質與生態系的關係？ 5. 改善空氣品質的方法或策略？ ……	生活 社會 自然科學 數學 科技 健康與體育 綜合活動

　　從生態審美提出可探究問題例舉如下：

表2　生態審美範疇提問與對應學習領域：以空氣惡化為例

提問	對應之學習領域
1. 空氣品質可能影響於哪種知覺？哪些知覺？ 2. 空氣品質對於自然景觀造成哪些影響？如何改變自然景觀與美感？ 3. 空氣品質對都市景觀造成什麼影響？如何改變都市景觀與美感？ 4. 是否有描述、描寫自然景觀或都市景觀的藝術、文學、音樂、繪畫、戲劇等作品？ 5. 是否能以空氣品質與景觀變化為主題進行藝術賞析或創作？ ……	生活 體育與健康 藝術 語文 綜合活動

從生態倫理角度可能的提問例舉如下：

表3　生態倫理範疇提問與對應學習領域：以空氣惡化為例

提問	對應之學習領域
1. 空氣品質議題所牽涉的倫理議題包括哪些議題？ 2. 如何不同層級（個人、家庭、社區、國家、跨國、區域、全球）思考並探討空氣品質議題？ 3. 生活方式與空氣品質的關係？ 4. 公共政策與空氣品質的關係？ 5. 探討改善空氣品質解決方案的價值衝突？ ……	生活 社會 綜合活動 語文 科技

生態愛觀點則根據上述提問，探討觀念、價值、行動與實踐的整合，可能涉及下述問題例舉如下：

表4　生態愛範疇提問與對應學習領域：以空氣惡化為例

提問	對應之學習領域
1. 如何在空氣品質、環境問題，並將生態系其他物種與環境健康等各種相關因素納入考量時，選擇個人信念或價值觀？ 2. 如何選擇可行的解決或改善方案？ 3. 如何持續環境行動之個人與公民實踐？ 4. 思索並了解環境議題時，如何納入其他生命、其他物種與環境的重要性？ ……	生活 綜合活動 社會 彈性學習課程

值得注意的是，一、上述提問並無法窮盡改善空氣品質議題的相關問題，但可作為設計課程與發展具體教學方法的依據與架構；二、針對不同學習階段的學生，提問的方式與問題內容應有所調整，例如教師在第一學習階段的學童，在生活課程中與學生討論空氣品質，必須從切身具體經驗開始，上述四表中所列的問題就不適合直接用來提問，否則問題過於抽象且理論化，非低年級的學生所能理解。教師應透過事例與具

體經驗來勾起學生對空氣品質議題的興趣與關注，例如學生可能經驗到自己或家人因空氣品質變化引發過敏、咳嗽等反應，讓學生開始了解空氣品質議題的意義，帶領學生觀察同一環境在不同空氣品質時的景色差異。教師亦可進行跨領域課程的教學，例如在藝術課程帶入此議題，讓低年級學生以美術創作如繪畫來表達受到不同品質空氣影響的風景。教師也可結合環保署的空氣品質監測與預報，讓學童了解空氣品質指標各種顏色的意思：綠色代表良好、黃色表普通、橘色代表對敏感族群不健康、紅色代表對所有族群不健康、紫色表示非常不健康、咖啡色則是危害等級。然而低年級學生可能無法了解空氣品質指標的定義與汙染物濃度的關係與意義，這些相關知識則須隨學生的身心成熟程度再融入課程，讓學生的理解逐漸加深加廣，進而融入跨領域的元素，例如生活方式、生活條件、工作與職業性質與空氣的關係；或進而探索影響空氣品質的因素、空氣汙染的區域性或跨國性等等。綜合而言，教師的教學與課程設計要能夠彈性、靈活，透過對於具體環境問題的提問，以問題導向勾勒出相關的學習領域，進行跨領域的融入式教案設計。

　　上述以空氣品質作爲編製課程之例舉，從上述探討中，吾人可發現環境問題內涵複雜且多樣，很難以單一教案涵蓋相關知識，因此，本文研究者並不認爲有一套完美的課程與教學綱要來培養生態智慧素養，因爲生態智慧素養的顯現，必須落實在眞實的問題與行動，只有在面臨生態問題如物種滅絕危機、空氣惡化、農田汙染、工廠排放廢棄物、水源不足、永續發展等等各種眞實問題時，個體與團體透過抉擇與行動才顯示生態智慧素養的深淺。所有課程綱要的理念與目標只是彰顯理想，無法顯示出面對眞正問題的困境與兩難。

　　生態智慧素養的培養與實踐必須落實於具體脈絡，以具體問題爲依據，秉持著David Orr所說的不斷提問、不斷追索的探究態度，師生在不斷互動與相互激盪中，對問題進行深入探討，進而培養相應的態度與實踐行動力，如此則可建構動態的生態智慧素養課程方案與教學實踐。

參考文獻

洪如玉（2010）。邁向生態智慧的教育哲思：從人類非中心論思考自然與人的關係與教育。臺北市：國立編譯館。

洪如玉（2016）。從地方教育學觀點探討跨議題融入之課程與教學。課程與教學季刊，**19**(2)，83-102。

鄒川雄（2008）。文化移植、傳承與創新？——從西方大學的博雅教育傳統看臺灣通識教育。通識教育與跨域研究，**5**，23-56。

蔡佳珊（2017年5月23日）。臺灣除草劑銷售量創歷史新高！年銷26億元，單位面積用量全球名列前茅。上下游新聞平臺，2017年9月27日取材自https://www.newsmarket.com.tw/herbcides/ch01/

蔡清田（2010a，5月）。從課程學理基礎論國民核心素養研究的重要性。發表於2010年「現代公民素養教育研討會」。國家教育研究院籌備處主辦。

蔡清田（2010b，6月）。從課程學理論公民核心素養與教師專業發展的重要性。發表於「培育澳門二十一世紀公民－核心素養」國際研討會。澳門大學。

蔡清田（2010c）。課程改革中的「素養」（competence）與「能力」（ability）。教育研究月刊，**200**(12)，93-104。

蔡清田（2011a）。課程改革中的「素養」（competence）與「知能」（literacy）之差異。教育研究月刊，**203**(3)，84-96。

蔡清田（2011b）。課程改革中的「素養」。幼兒教保月刊，**7**，1-14。

蔡清田（2011c）。素養：課程改革的**DNA**。臺北市：高等教育。

國家教育研究院（2015）十二年國民基本教育課程綱要：總綱**Q&A**。臺北市：國家教育研究院。檢索日期2017年9月17日https://www.naer.edu.tw/ezfiles/0/1000/img/67/510545078.pdf

Bloom, A. (1987). *The closing of the American mind.* New York, NY: Simon & Shuster.

Drengson, A. R., & Inoue, Y. (Eds.) (1995). *The deep ecology movement: An introductory anthology* (Vol. 50). Berkeley, CA: North Atlantic Books.

Erfoğan, M., Kostova, Z., & Marcinkowski, T. (2009). Components of environmental literacy in elementary science education curriculum in Bulgaria and Turkey. *Eurasia Journal of Mathematics, Science & Technology Education, 5*(1), 15-29.

Gray, G. (1984). *Rethinking American education.* Middletown, CT: Wesleyan University

Press.

Hung, R. (2017). Towards Ecopedagogy – An Education Embracing Ecophilia. *Educational Studies in Japan, 11*, 43-56.

Kellner, D. (2000). Multiple illiteracies and critical pedagogies. In P. P. Trifonas (Ed.) *Revolutionary pedagogies: Cultural politics, instituting education, and the discourse of theory* (pp.196-224). New York, NY: Routledge.

Mehrens, P. (2016). Liberal arts education. In M. Peters (ed.) *Encyclopedia of Educational Philosophy and Theory* (pp.1-5). London, UK: Springer.

Nair, I., Jones, S., & White, J. (2002). A curriculum to enhance environmental literacy. *Journal of Engineering Education, 91*(1), 57-67.

Tuan, Y. F. (1974). *Topophilia: A study of environmental perception, attitudes, and values.* New York: Columbia University Press.

Orr, D. (1992). *Ecological Literacy: Education and the Transition to a Postmodern World.* Albany, NY: State University of New York Press.

Wilson, E. O. (1984). *Biophilia*. Cambridge. MA: Harvard University Press.

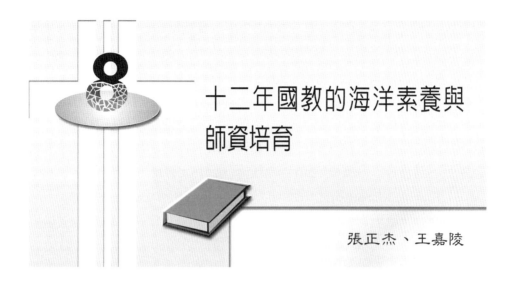

十二年國教的海洋素養與
師資培育

張正杰、王嘉陵

壹　前言：十二年國教中的海洋教育

　　臺灣四面環海，人民生活及國家經濟發展均與海洋息息相關，但國民對於海洋卻是陌生與懼怕。教育現場中對於海洋的概念相當缺乏，國民海洋課程內容比例偏低。早期臺灣海洋教育以海事教育為主，著重在專門海洋產業人才的培育（張正杰、嚴佳代、呂佳築，2017）。臺灣於2001年強化以海立國的精神，並逐步推動海洋教育政策。教育部（2007）公布海洋教育政策白皮書，擬定培育學生海洋基本知能與素養之具體策略，增列高中職及國中小課程綱要的「海洋教育」重要議題，於2008年5月23日發布修訂「國民中小學九年一貫課程綱要」中，新增第七議題綱要，即海洋教育議題課程綱要。自此海洋教育正式於臺灣的國民教育當中推動，並於2011年全面實施。國中小海洋教育議題課程綱要的邏輯架構為1總3海5軸16細類116能力指標，以涵養海洋通識素養為總目標，塑造親海、愛海、知海的三情境，其內容為海洋休閒、海洋社會、海洋文化、海洋科學及海洋資源五大主軸。高中職則詳

列五大主軸，以及51個主要之學習內容。實施階段分別為國小（低年級、中年級、高年級）、國中與高中職，合計五個階段別。課程理念以知識、能力指標為主，合計共有167條指標。由公布年份可知，各科課程綱要與教科書已經率先實施，隨後海洋教育重大議題才公布，議題實施建議採行各科融入海洋教育能力指標方式，實則難以檢核其成效，推動時常面臨問題，且海洋教育因有其跨領域的性質，教師對於海洋議題教學並不易發揮（許籐繼，2011；張正杰，2015；張正杰、羅綸新，2016；Donert, Fauville, Gotensparre, Mäkitalo, Van Medegael, & Zwartjes, 2015）。

現今海洋巨變影響著人民的生活，加上臺灣社會快速變遷與全球化議題衝擊，十二年國民基本教育實應正視此議題的必要性。惟對於海洋教育之實施，學校教學時間有限，師生負擔沉重。有鑒於此，建議海洋教育議題，規劃採取融入各領域／科目當中，未來實質內涵建議融入各領域（科）。將來教科書審查時，也將逐一比對內容。因此，未來教科書將會有這些內容，但仍有待教書科審查確立。新修訂之海洋教育議題，為實踐聯合國環境宣言與國家海洋政策綱領，植基臺灣以海立國理念，以三大目標、五大學習主軸、九項海洋教育核心素養，統整精實為55項實質內涵。其中，海洋科學之學習主軸，參酌美國海洋素養七項原則（7 principles of Ocean Literacy），擴充為海洋科學與技術，增列未來海洋技術與發展趨勢；另海洋資源加入海洋永續的概念，強化海洋環境保育與永續發展。先前九年一貫海洋教育議題之能力指標訂立時，參酌美國海洋素養七項原則概念架構進行規劃，較著限於「海洋科學」、「海洋資源」之海洋知識概念，能力指標多偏向知識層面。至於十二年國教海洋教育議題，除了上述的九項核心素養與總綱對應外，實質內涵之增列部分為：海洋科技（主要對應美國海洋素養第七項）、海洋資源與保育（主要對應美國原則五、原則六），以強化海洋素養範疇，具體提升學生的實踐力與基本素養能力，更呼應海洋公民精神。綜觀此次議題修正特色為：一、課程理念以核心素養發展。二、簡化國小階段，不再區分國小三階段。三、簡化指標數目，降低約三分之二。四、參酌美國海洋素養七項原則，強化海洋科技與海洋環境永續之主

軸。詳見表1。由此可知,九年一貫時強調知識能力導向,強調各階段的能力指標。而新的十二年國教之海洋教育議題以素養為核心,且海洋教育議題其核心素養與總綱的九項核心素養有著對應的關聯性。當教師進行海洋教育議題融入課程,傳遞海洋教育議題實質內涵,透過具體行動與實踐後,能夠培養學生之海洋教育九項核心素養,達到總綱之核心

表1 新舊海洋教育議題比較表

階段	九年一貫與高中職海洋教育課程綱要	108課綱海洋教育議題
課程理念	知識、能力導向	素養導向 海洋教育九項核心素養
課程目標	親海、愛海、知海	體驗海洋休閒與重視戲水安全之親海行為。 了解海洋社會與感受海洋文化之愛海情懷。 探究海洋科學與永續海洋資源之知海素養。
實施階段	國小低年級 國小中年級 國小高年級 國中 高中職	國小 國中 高級中等學校
課程架構	建議融入各(科)領域	融入各(科)領域與 融入領綱內容檢核表
五大主軸	海洋休閒 海洋文化 海洋社會 海洋科學 海洋資源 另外包含16項細項	海洋休閒 海洋文化 海洋社會 海洋科學與技術 海洋資源與永續
指標數量	能力指標 國中小116項 高中職51項 合計167項	實質內涵 國小16項 國中20項 高中19項 合計55項

素養目標。

　　綜上歸納，臺灣海洋教育議題架構完整，具體目標明確，且條目清晰。然而，推動海洋教育需要具備師資與課程等要件，由於現場教師缺少海洋領域概念，且臺灣海洋教育五大主軸的學習主題，蘊涵自然與人文領域範疇，於實務推動窒礙難行。現場教師亦認為教學資源不足，教師海洋教育增能研習缺乏。是以現階段雖具海洋教育課程綱要，惟師資培育與海洋教科書，仍為最關鍵的問題點。

貳 海洋素養的內涵與架構

　　美國最早提出海洋素養（ocean literacy）的概念，其發展沿革自2002年起，由海洋科學家、教育學家、海洋教育者與中小學教師，廣泛研究制訂，主導單位為美國海洋教育協會（National Marine Education Association, NMEA）。歷經多次修改，直至2010年才正式公布K-12海洋科學基本原則與海洋素養範圍暨程序之補充文獻。當初開始制定海洋素養的原因，主要是受到1996年美國國家科學教育標準公布後，海洋科學家與海洋教育成員發現課程標準內容幾乎未提及海洋主題，且大多數的國家課程標準並不包含海洋、沿海或海域的相關內容。此外，美國海洋教育的相關調查報告指出，美國學生與公民對於海洋的理解程度並不高，相關的知識調查也都偏低，對於氣候與海洋互動機制的理解程度亦低落（Brody & Koch, 1989-1990; Steel, Smith, Opsommer, Curiel, & Warner-Steel, 2005; The Ocean Project, 2009）。

　　這些因素喚醒了美國教育課程當中應該更加深化海洋課程與行動，於是創建新的海洋素養實踐社群（Creating New Community of Practice）活動就此展開，透過海洋科學家與教育學家之間聯繫社團，且透過正式（formal）與非正式（informal）的教育來實踐海洋教育（Fortner, 1980）。這些實踐社群的活動，讓科學家與教育者有必要分享各自的專業知識，鼓勵年輕教師能夠從科學教育去切入這個議題，去做就對了（Just do it）。隨著科學家和教育者的交流、合作與學習，這

股風潮如同漣漪效應一般，逐漸形塑，形成動力並逐步去實踐。

依據美國海洋素養網站定義，海洋素養就是「海洋影響到你以及你對海洋會造成哪些的影響」，其強調人們應該知道「海洋」與「人」互相影響的知能（Ocean Literacy, 2014）。這與Cava、Schoedinger、Strang和Tuddennham（2005）說明具備海洋素養的定義為了解海洋對人類的重要性、可以有意義地溝通海洋和能夠對海洋資源做出明智與負責任的決策概念相同。隨後，歐盟根據美國海洋素養的發展，認為作為一個海洋素養的公民，採取直接且可以持續的海洋保護行動，實踐一個健康的海洋、健康的團體，最終達成一個健康地球的目標（Donert et al., 2015）。海洋素養可以視為將科學素養納入教育實踐的一種手段，科學素養不僅是具備科學知識，透過這些知識做出社會責任決策的能力（Lambert, 2005）。Flecher、Potts、Heeps和Pike（2009）指出，對於海洋環境與海洋公民責任的概念仍未完全發揮，對海洋環境的行動與實踐的能力仍有很大的努力空間。美國海洋教育以海洋素養為主軸，架構七項基本原則以及44個基本概念。海洋素養為一個新的術語，闡述著海洋科學的基本原則和基本概念（Schoedinger, Tran, & Whitley, 2010）。此顯示高中畢業生應該了解海洋及其在地球系統中的意義與主要觀念（Plankis & Marrero, 2010）。七個基本原則分別為：原則一、地球為一個有許多特色的海洋。原則二、海洋和海洋中的生命塑造了地球的多元特徵。原則三、海洋對天氣和氣候有著重大影響。原則四、海洋讓地球可居住。原則五、海洋支持生命和生態系統的多樣性。原則六、海洋和人類息息相關。原則七、多數的海洋區域未被探索。由以上原則可知，均強調海洋的重要性與其多元特徵。從海洋素養範圍和K-12年級架構可視為一個概念層序的鷹架，其顯示了海洋科學中的概念如何相互關聯，從而支持了海洋教學和學習的系統方法。每個原則的概念流程圖透過潛在的教學和學習順序指導，這當中包括教育者、課程和程式開發人員與管理員。在每個海洋素養原則中，這些想法在各個階段的排序和建立，都說明了學生思維如何從一個發展層面向下一個步驟邁進。年級之間的原則有著橫向的海洋概念交叉連結。透過使用概念流程圖和吸取

學習經驗傳達的概念將使學生能夠反思、表達並分享他們的想法，建立個人關係，對他們學習和行為的動機有長期的影響，並最終成為具備海洋素養的國民。先前研究指出許多國家缺乏足夠的海洋素養，這顯示出公民在從事環境教育負責任的行為或決策時，多數國民並未考慮對海洋環境的影響（Beierle, 1998; Guest, Lotze, & Wallace, 2015）。而此與歐盟海洋變革計畫（Sea Change Project）闡揚海洋素養的公民，應具備將海洋知識轉化行動的能力；能夠有意義地溝通人與海的依賴關係，最後可做出明智和負責的決定相應。

　　另外，美國推動海洋教育由透過海援計畫（Sea Grant Program）來支持，海援計畫除普通海洋教育外，對於專業的海洋科學教育培育亦投入相當多的資源。目前全美共有33個大學參與計畫，海援計畫推動已經超過五十年，致力於推廣海洋教育與海洋環境的永續發展。然而在相關的研究指出，海洋科學議題通常被最小化或被忽略，中學生的海洋素養研究也相當缺乏。僅少數研究指出學生的海洋素養基本的原則和基本概念缺乏（Plankis & Marrero, 2010），造成的因素或與教師培育有關（Payne & Zimmerman, 2010）。在中小學的課程當中，海洋與水生概念常被忽視；在學校的課程、教材、教科書及作業內容都相當稀少（Hoffma & Barstow, 2007; Castle, Fletcher, & McKinley, 2010; Boaventura, Faria, Chagas, & Galvão, 2013）。與其他生物、物理、化學領域相比，教育研究較少關注海洋與水生概念的教與學，這顯示這些海洋概念內容在科學教育當中被忽視，造成培育海洋素養的教育階段明顯不足。在北美洲與歐洲等國家並無相關法令規範將海洋議題納入正式的教育當中，而加拿大、美國與英國的海洋教育者正批判這種忽視的現象（Guest et al., 2015）。且Payne和Zimmerman（2010）評論在國際與州的課程架構上，應該強化海洋與水生議題的重要性，這些架構將會驅使海洋概念與內容落實在教育現場當中。

臺灣的海洋素養研究

　　教育部（2007）海洋教育政策白皮書論述國民海洋素養不足，但卻無實徵資料佐證，也無相關的研究調查報告來說明。而美國、日本與歐盟在調查國民的海洋知識、態度或海洋素養上主要使用問卷調查方式（如選擇題、多選題、電訪），另有命題式概念圖、開放式問卷與晤談方式進行研究。這些調查結果顯示，國民海洋知識與概念普遍不足，海洋素養亟需提升（Fortner & Lyon, 1985; Lambert, 2006; Oreskes, 2004; Belden, 1999; Steel et al., 2005; Brody, 1996; Cudaback, 2006; Greely, 2008; Kelly & Takao, 2002; Greely & Lodge, 2009; Zelezny, Chua, & Aldrich, 2000；日本財團海洋政策研究財團，2012；張正杰，2015）。在Plankis和Marrero（2010）研究指出國民海洋的概念理解程度與態度，將可增進海洋素養的提升。Greely（2008）指出戶外教育可以提升海洋素養；學習經驗可以增進海洋素養的能力。另外，Lambert（2005）從方案評估的結果指出，教科書仍是教師資源材料的主要來源。雖然海洋素養主要涉及海洋科學，但本質上是一門綜合性的學科，學科內容包含生物學、化學、環境教育、地理學、物理學、地球科學與公民，其為學校的跨領域課程來教學（Donert et al., 2015）。Lambert（2005）指出，海洋科學課程可以融入科學、技術與社會相關的國家科學教育標準模式來進行的教學方法。這些概念似乎闡述科學、技術與社會（STS）概念，內容主軸在海洋科學議題上。這些海洋相關議題為教師提供了專業發展的機會，幫助教學者將海洋科學概念融入在教室和戶外教育當中。這些方式將使學生與環境教育做連結，讓學生體驗大自然環境、海洋環境保育的場域，有別於傳統課堂內教學之不同學習方式（McGovern, 2015）。

　　臺灣的海洋教育包含五大主軸：海洋科學與海洋資源為其兩主軸，另有社會人文的三個主軸內容。這與美國和歐洲的海洋教育以自然的海洋科學為主，略有不同。臺灣的海洋教育主軸包含自然與社會領域，故臺灣定義的海洋科學素養可視為美國的海洋素養一詞。臺灣的海洋知

識或海洋素養之調查，首見於作者（羅綸新、張正杰、童元品、楊文正，2013；張正杰、楊文正、羅綸新，2014）針對區域性的高中職學校調查，研究工具以海洋科學知識試卷與概念圖命題模式質量並重的方式，來評估高中職學生的海洋科學素養情況。研究結果發現在海洋科學迷思概念試題評量中，高中生平均答對率只有53%，高職生為49%。高中職學生對於海洋全球變遷議題，如：冰期與間冰期理解程度不足，常有迷思概念。另外，作者（張正杰、李宜頻、羅綸新，2014）針對新北市國小高年級學童的海洋科素養調查研究，研究方式以海洋科學知識問卷與質性晤談進行。研究結果顯示，學童海洋科學素養題目的平均答對率為58.75%。學童存在的海洋迷思概念，以浮冰融化會造成海平面上升、將鯨魚視為魚類及珊瑚被誤認為植物三項最為普遍。由此可見，攸關氣候變遷與海洋生物的議題為學生常見的海洋迷思概念。關於國中階段，作者（張正杰，2015）設計國中生海洋科學知識與對應的能力指標問卷，調查對象為基隆市國中生，研究結果指出國中生海洋科學知識的平均答對率為51%；依國中階段海洋教育能力指標評量，學生達成率為52%。這三個階段海洋知識或能力指標達成率皆低於六成。根據教育部海洋教育基本知能融入中小學課程綱要計畫內容指出，學生經過海洋教育後，其海洋能力指標達成率建議為八成（教育部，2008a），此顯示近十年來臺灣的海洋教育推動仍有其改進的空間。上述臺灣的海洋素養研究由課程綱要去發展評量工具，這與美國發展的海洋素養並不同，美國海洋素養是以七大原則去檢視。隨著美國海洋素養公布後，透過美國海洋教育協會（NMEA），影響著歐盟海洋教育推動，也強化了跨國的合作。2016年進行了第一次國際海洋素養調查（International Ocean Literacy Survey），共有24個國家，抽樣樣本為亞洲、歐洲與北美洲，共有6,871位高中生參與，臺灣亦參與其中。此調查問卷包含海洋知識問卷與對海洋的態度量表，問卷包含為單選與多選題，針對16-18歲階段學生。問卷發展依據美國海洋素養七大基本原則去建置試題，將作為各國海洋素養基礎的先導研究資料。亦可驗證高中生具備的海洋素養知識與態度狀況，將可作為各國海洋教育推展與實踐之用，但詳細結果尚

未公布，有待未來檢視。由此可知，增進國民的海洋素養，將是未來海洋教育推動的重要項目之一。

肆 師資培育課程中的海洋教育

若要在中小學課堂中從事海洋教育的教學，師資生本身需要具備海洋素養，以下作者先評析目前臺灣師資培育課程中，海洋教育相關課程的開設現況；再從課綱中海洋教育議題的說明，配合其他學者的文獻，分析師資生應具備哪些海洋素養。

一 現階段師資培育海洋教育課程的開設情形

特殊教育與幼兒教育學程在此不做討論，以小學與中等教育學程而言，有些學校的學程會將「海洋教育」這門課列為選修，但是以目前部定的師培課程內容而論，選修的彈性與空間不大，海洋教育只是眾多選修課程之一，師培中心未必會特別開設這門選修課。基於有太多的教育議題師資生需要了解，教育部規定所有師培中心要開設一門必選課，名為「教育議題專題」，該門課可以包含海洋教育這個議題，但是在18週的時間內要討論的議題廣泛，授課教師未必會將海洋教育納入其中，而且授課老師大多不具備海洋教育專長，這個議題往往容易被忽略，但還是有少數師培中心在這門課中，邀請海洋教育專長的專家到課堂上演講。除了正式課程之外，在非正式課程與潛在課程中，會將海洋教育納入考量的學校，至目前為止並不多見。

海洋大學師培中心是以發展海洋教育作為教學主軸，因此課程中有較多的海洋教育元素，例如將「海洋教育」這門課放在教育基礎課程裡面，提升這個議題的重要性。在「教育議題專題」、「課程發展與設計」或一些教材教法的課程中，都會將海洋教育融入課程內容；在中等學程的部分，有海事群和水產群的教材教法與教學實習，訓練學生如何將海洋素養落實於實際教學；在非正式課程方面，也常舉辦海洋教育相

關之研討會與演講，培育師資生的海洋素養。上述是培育師資生海洋素養的具體作法，但整體而言，在臺灣的師培課程中，海洋教育是鮮少有人重視的懸缺課程。

二 師資生需要的海洋素養

許籐繼（2011）透過專家座談、德懷術及層級分析法等方式，分析國小教師在教海洋教育時，所需具備的能力，研究結果顯示，在教師教學覺知能力部分，以海洋休閒（如：親水活動、海洋生態旅遊等）的覺知能力，以及海洋教育自然環境資源的評估能力兩者最受重視；在教學準備層面，專家們認為，將海洋教育能力指標轉化為教學目標的能力、海洋休閒的知能、海洋教育的活動設計能力、海洋教育資源的整合運用能力，以及樂於推動海洋教育的這些能力相對重要；在教學過程層面，海洋教育議題之主題教學能力、海洋教育教學方法的活用、海洋教育活動或場地的危機處理能力等較為重要；在教學結果層面，以海洋教育靜態的展現與分享能力、應用學生學習評量的結果改善海洋教育教學的能力，是兩個須具備的能力。事實上，海洋教育教學所須具備的能力與海洋素養之間，未必畫上等號，但兩者之間還是有重疊與相關，從許籐繼的研究結果來看，海洋休閒與海洋自然環境方面的素養，是專家們認為最重要的。

在十二年國教課綱中，針對重大議題實質內涵進行說明（教育部，2015）。師資生應具備此五個學習內容的海洋素養；若從學習目標中，海洋教育對應的核心素養來看，海洋生態環境的關懷、人與海洋的互動、海洋藝術與文化、海洋社會的參與，甚至海納百川的精神，都是師資生在教學時應有的海洋素養，所含的範圍相當廣泛，而跨學科的整合、實作體驗活動的教學，也是教師需要具備的能力。

周漢強（2015）比較美國與臺灣的海洋教育目標發現，美國的海洋教育是以「海洋」為主體的中心思想，而臺灣因為以「海洋立國」為國家發展中心思想，關於海洋教育，是以「人」為中心的思考模式。相較

之下，臺灣雖然重視海洋文化，但也缺乏海洋科學的基礎與關於海洋永續發展的海洋素養，對於海洋與氣候變遷的議題也探討得不夠深入。西方國家所指的海洋素養多爲海洋科學素養，涉及海洋科學的部分，實爲臺灣師資生較少涉獵的。針對現行的九年一貫課綱，吳靖國（2010）檢視之後，認爲海洋教育的基本理念缺乏從學習主體的角度來建構海洋教育，教育目標不明確，也缺乏學生心理學發展的研究基礎，以致不符合教學現場的需求；此外，將「海洋內涵」視爲「海洋教育內涵」，也讓五個主題軸缺乏教育的視角，依據吳靖國的看法，在教育過程中，如何將海洋素養轉化爲實際教學內容是很重要的。所以除了海洋素養之外，師資生也需要具備轉化海洋素養的教學能力，才能教好海洋教育這個議題。

伍 提升師資生海洋素養的兩種教學取徑

　　九年一貫課綱（教育部，2008b）與十二年國教課綱（教育部，2015）中均論及，要促進學生「親海、愛海、知海」的實踐，人與海洋的互動是實施海洋教育的重要方式，師資生要培育教學所需的海洋素養，也需要從海洋的眞實體驗，以及了解海洋與人類的密切關係著手，培養海洋的知能與正向態度後，再將其應用於未來的教學。以下作者提出「體驗教育」與「地方本位教育」這兩個能落實海洋教育教學的取徑，並分別說明如何藉由這兩種取徑，以提升師資生的海洋素養。

一 體驗教育

　　體驗教育與探索教育、戶外教育等概念通常會被放在一起相提並論，三者的教學方式有許多共通之處，從十八世紀開始，Rousseau就提倡學童應當走出戶外，親近大自然，在大自然的教室裡面學習。戶外教育在臺灣的教育系統中存在已久，例如：遠足、童軍活動、鄉土教學、自然調查、環境教育、遊學與山野教育等，皆是此種教學形式（黃茂在、曾鈺琪，2015），這些也是十二年國教所重視的教學方式。當知

識不再僅限於書本；學習不再侷限於教室，透過眞實的生活經驗、親身的嘗試與探索，才能開啓學生的視野、體悟與感受（賴婷好、郭雄軍，2015）。培育海洋素養最好的方式，也是直接走向大海、體驗海洋的一切，從互動中培養人與海洋的感情，並認識海洋的相關知識和技能。在海洋的五個學習內容中，「海洋休閒」非常強調體驗，諸如水上活動的技巧，或是一些求生技能的學習，都需要經由體驗與探索活動得到學習成效；在「海洋資源與永續」這個層面，師資生也要透過親海的活動，了解海洋生態環境保育的重要性，以及養成不過度使用海洋資源的習慣，才能在未來的教學過程中，推動海洋環境永續發展的行動；而海洋社會、海洋文化的層面，可以經由實際走訪、觀察及訪談，以了解海洋對於社會日常生活的影響。

關於體驗、探索教育活動的進行，學者通常會提及Kolb的「經驗學習理論」（Experiential Learning Theory, ELT），Kolb融合了Dewey的實用主義哲學、Lewin的社會心理學與Piaget的認知發展理論，提出他對於經驗學習的看法。他界定：「學習是經由轉化經驗以創造知識的過程」（Mainemelis, Boyatzis, & Kolb, 2002, p.5），Kolb所提出的「經驗學習模型」如下圖（轉引自謝忠明，2014；Kolb, Boyatzis, & Mainemelis, 2001）：

圖1　Kolb的經驗學習模型

海洋素養的形成，也可以從Kolb的經驗學習模型思考，經由與海洋的互動，師資生形成某些具體經驗，經由反思性的觀察，建立對於海洋的概念，而後將這些概念應用於日常生活，以及應用於未來的課程設計與教學實踐，在應用之後，又得到更深層的體驗，如此不斷循環。是故，師培的課程與教學環境，應當提供師資生更多與海洋互動或是臨海教學的具體經驗，亦可設計海洋體驗、參訪或實際操作的活動，在過程中引導師資生觀察反思、形成海洋的相關概念，也慢慢熟悉將所獲得的海洋素養應用於教育實踐。在學習過程中，也能培養學生相互之間傾聽、表達與合作的態度，以及自主挑戰和問題解決能力（石偉源、李一聖、郭添財，2013）。體驗教育呼應了Dewey的做中學理念，透過體驗行動與實際操作將學習意義化，在學習歷程中讓經驗不斷地重組與改造，以深化學習者認知的改變，由此方式培育海洋素養，也較能造成認知、情意和技能等整體性的改變，獲得較大的學習遷移。

二　地方本位教育

「地方教育學」與「地方本位教育」、「地方意識教育」及「地方感教育」等這些名詞是相通且可以互換的，針對這些概念，不同學者有其偏重之處（洪如玉，2013a），例如David Sobel強調的是自然素養（nature literacy）教育，以地區或環境作為起點，不僅加強知識的學習，也協助學生發展自身與地方的聯繫，促進學生對自然環境的鑑賞，並成為為地方主動犧牲奉獻的公民。Sobel對於地方本位教育的想法，很適合應用在環境教育、戶外教育和海洋教育的教學，能引導學生嘗試改善生活周遭自然環境的問題。其他如Paul Theobald主張喚起學習者的地方意識，他揭露出現代化對於個人所造成的身心問題，並主張回歸到人與自然系統最初不可分割的連結關係。Gregory Smith則是以社會重建的角度出發，提醒吾人在教育上不只是要關心環境問題，更要注意環境問題背後的政治與社會脈絡；他也說明地方本位教育有五個元素（洪如玉，2013a，頁123）：1.師生的直接經驗是課程發展的依據；

2.學生是知識的創造者而非只是消費者；3.學生對地方的獨特關懷是創造知識的起點；4.教師角色是學生學習過程的嚮導、共同學習的夥伴，與地區知識資源的引介者；5.地區與學校之間要彼此相互參與。上述三位學者，為地方本位教育提出不同的實踐層面與重點。

「地方」對許多人來說，是一個生活中廣泛使用的名詞，就地方本位教育而言，它其實帶有豐富的意涵，並且帶出個人與生活周遭的人文環境和自然環境的多元面向連結。地方本位教育不是一個新的概念，在過去的教育主張中，例如：學校本位課程發展的實踐，也提到要將地方與社區的元素納入課程，作者之所以提出地方本位教育，是認為它是一個可以用以實踐海洋教育的很好管道。海洋也是一個「地方」，對學習者來說，與海洋連結的某些區域，也可以是具有特殊意義或是落下深刻印象的「地方」。就師資生而言，首先，地方本位教育可以是他們未來實施海洋教育教學的實踐方式；再者，地方本位教育也是他們認識海洋和培育自身海洋素養的一個學習出發點。

地方是在地化、個人化及具體的微觀經驗（洪如玉，2010），人類身為地球上的存有，經由在地化的方式，可以加深人海關係更緊密的連結，並且從微觀的生活經驗開展。加拿大學者Edward Relph認為，地方可以被人們經驗為六種不同層次的空間，分別是實用與原初空間、知覺空間、存在空間、建築與規劃空間、認知空間及抽象空間（轉引自洪如玉，2013b）。以生態環境中的海洋為例，海洋對於某些人而言，可能是在地生活的「實用與原初空間」；在親近海洋的過程中，會發展出經由主觀意識和豐富情感的知覺所經驗的空間，即「知覺空間」，知覺空間是個人透過感官去感受、體驗，所認知出來的空間，這種認知是屬於被動的；然而「存在空間」則是個體與他人集體生活的過程中，主動建構、創造出來的空間；「建築與規劃空間」是結合海洋環境所構築出來的生活與活動空間；「認知空間」是概念化的空間，可以經由座標定出其位置，例如某個海域或某個島嶼；「抽象空間」則包含人們對海洋的想像，傳統的海洋故事與海洋神話等，都在這個空間裡面被發展和創作。上述六種空間是人與海洋互動之後，所建構出來的，在海洋教育的

教學過程中，若能活用這些空間，將能豐富學習者對於海洋的詮釋，進而加強海洋與個人日常經驗的意義連結。

若要透過地方本位教育增進師資生的海洋素養，可以經由實作或活動的方式，鼓勵師資生透過個人的體驗去理解跟海洋有關的「地方」，並帶入個人的情感與覺知，創造出他與這個地方的意義、對它的認同。在這個創造意義的過程中，他會體認到海洋環境或海洋生物與人類社群的關係，了解當前海洋所遭遇的問題，並試著以行動加以回應。經由地方感的產生，做到對地方的尊敬、關懷與照顧，最終達成人與海洋永續生存的教育目的。

綜上所述，體驗教育與地方本位教育在海洋教育師資培育的應用上，有其相通之處，亦有其不同之處。體驗教育在於增加師資生與海洋互動之經驗，以提升對海洋的理解，包含海洋對人類生存的貢獻，以及如何避免它對人類的危害；更進一步，體驗教育要協助師資生調整過去對海洋的錯誤認知，才能在未來的教學上有所精進，將海洋議題更適當地融入教學活動。而地方本位教育，強調的是人對海洋的情感與聯繫，從自己身為大自然的一分子，以身為人的責任出發，建構出人與海洋適切的對待方式，在師資培育方面，需要指導師資生能透過教學活動，將海洋與個人生活經驗聯繫起來，體會人與海洋，本是結合為一體的社群，才能產生在教育層面上有意義的「地方感」。雖然體驗教育與地方本位教育在教育目的上有其差異，但教學上，兩者可相互為用，以培育師資生的海洋素養。

陸 結語

面對未來海洋的巨變，影響著地球上的各國人民生活，例如：海洋氣候變遷、海平面上升、漁業資源的耗盡、氣候變遷與調適、海洋酸化、海洋暖化、海洋垃圾與塑膠等問題。海洋議題是一個跨國際的問題，並非單一國家可有效解決。各國關注海洋議題，亦建議各國在教育

階段中融入這些議題的內容，先前各國教育階段當中，海洋內容與其概念課程常被忽視，各國海洋素養明顯不足。臺灣推動海洋教育近十年，也設計與規劃全世界首見的部定海洋教育課程綱要。即將推動的108新課綱，將素養核心概念融入在海洋教育議題當中，正是培育一位具備海洋素養公民的概念。在推動海洋教育過程中，師資培育著實重要，透過體驗教育與地方本位教育的落實，可以增進師資培育生的海洋素養，將海洋教育落實於實際教學情境當中。

參考文獻

日本財團海洋政策研究財團（2012）。小中學校の海洋教育實施狀況に關する全國調查：報告書。東京，日本：日本財團海洋政策研究財團。

石偉源、李一聖、郭添財（2013）。探索教育在學校領域應用之探討。國教新知，**60**(2)，38-45。

吳靖國（2010）。中小學海洋教育課程綱要之檢討與重構。教育資料與研究，**92**，91-114。

周漢強（2015）。海洋素養與海洋教育內涵比較研究：以現行海洋教育課程綱要為例（碩士論文）。取自http://handle.ncl.edu.tw/11296/ndltd/31348722282196903870

洪如玉（2010）。全球化時代教育改革與發展的另類思考：地方本位教育。幼兒教保研究，**5**，73-82。

洪如玉（2013a）。地方教育學探究：Sobel、Theobald與Smith的觀點評析。課程與教學，**16**(1)，115-138。

洪如玉（2013b）。「地方」概念之探究及其在教育之啟示。國立臺灣科技大學人文社會學報，**9**(4)，257-279。

張正杰（2015）。影響國中學生海洋科學知識與海洋能力指標因素之研究。教育學報，**43**(2)，173-196。

張正杰、李宜頻、羅綸新（2014）。國小學童海洋科學素養與迷思概念之研究。科學教育研究與發展季刊，**68**，27-50。

張正杰、楊文正、羅綸新（2014）。高職生海洋科學素養與迷思概念之評量分析。科

學教育月刊，**371**，2-17。

張正杰、羅綸新（2016）。分析海洋教育議題學習內涵之重要性。課程與教學，**19**(2)，53-82。

張正杰、嚴佳代、呂佳築（2017）。臺灣海事教育碩博士論文現況與發展趨勢。中等教育季刊，**68**(1)，82-100。

教育部（2007）。海洋教育政策白皮書。擷取自http://www.edu.tw/userfiles/url/20120920154232/96.08海洋教育政策白皮書.pdf

教育部（2008a）。海洋教育基本知能融入中小學課程綱要計畫：期末報告。擷取自https://ws.moe.edu.tw/001/Upload/3/RelFile/6340/7101/%E6%B5%B7%E6%B4%8B%E6%9C%9F%E6%9C%AB%E5%A0%B1%E5%91%8A%EF%BC%88%E6%AD%A3%E6%96%87%EF%BC%89.pdf

教育部（2008b）。國民中小學九年一貫課程綱要重大議題（海洋教育）。2019年5月27日，取自https://cirn.moe.edu.tw/Upload/file/843/67403.pdf

教育部（2015）。議題融入課程研修說明及四項重大議題實質內涵。2017年6月12日，取自http://web.fg.tp.edu.tw/~chincenter/blog/wp-content/uploads/2015/11/%E8%AD%B0%E9%A1%8C%E8%9E%8D%E5%85%A5%E8%AA%B2%E7%A8%8B%E7%A0%94%E4%BF%AE%E8%AA%AA%E6%98%8E%E5%8F%8A%E5%9B%9B%E9%A0%85%E9%87%8D%E5%A4%A7%E8%AD%B0%E9%A1%8C%E5%AF%A6%E8%B3%AA%E5%85%A7%E6%B6%B5.pdf

許籐繼（2011）。國民小學教師海洋教育能力指標及權重體系建構之研究。教育科學研究期刊，**56**(3)，61-90。

黃茂在、曾鈺琪（2015）。臺灣戶外教育內涵與課程優質化初探。教育脈動，**4**，25-43。

賴婷好、郭雄軍（2015）。走出課室：戶外教育之現象學研究。臺灣體育運動管理學報，**15**(1)，1-20。

謝忠明（2014）。探索教育在國民小學綜合活動學習領域課程設計之探討。體驗教育學報，**8**，44-75。

羅綸新、張正杰、童元品、楊文正（2013）。高中生海洋科學素養及迷思概念評量分析。教育科學研究期刊，**58**(3)，51-83。

Beierle, T. C. (1998). *Public participation in environmental decisions: an evaluation framework using social goals*. Washington, DC: Resources for the Future.

Belden, R. (1999). Stewart and American Viewpoint. 2003a. *Communicating about oceans:*

Results of a national survey conducted for the Ocean Project.

Boaventura, D., Faria, C., Chagas, I., & Galvão, C. (2013). Promoting science outdoor activities for elementary school children: contributions from a research laboratory. *International Journal of Science Education, 35*(5), 796-814.

Brody, M. J. (1996). An assessment of 4th-, 8th-, and 11th-grade students' environmental science knowledge related to Oregon's marine resources. *The Journal of Environmental Education, 27*(3), 21-27.

Brody, M. J., & Koch, H. (1989-1990). An assessment of 4th-, 8th-, and 11th-grade students' knowledge related to marine science and natural resource issues. *Journal of Environmental Education, 21*(2): 16-26.

Castle, Z., Fletcher, S., & McKinley, E. (2010). Coastal and Marine Education in Schools: Constraints and Opportunities Created by the Curriculum, Schools, and Teachers in England. *Ocean Yearbook Onlin*e, *24*(1), 425-444.

Cava, F., Schoedinger, S., Strang, C., & Tuddenham, P. (2005). Science content and standards for ocean literacy: A report on ocean literacy. *College of Exploration, Berkeley.*

Cudaback, C. (2006). What do college students know about the ocean?. *Eos, Transactions American Geophysical Union, 87*(40), 418-421.

Donert, K., Fauville, G., Gotensparre, S., Mäkitalo, Å., Van Medegael, L., & Zwartjes, L., (2015). *Review of marine formal education*. EU Sea Change Project.

Donert, K. (2015). Digital earth–digital world: strategies for geospatial technologies in twenty-first century education. *In Geospatial Technologies and Geography Education in a Changing World* (pp.195-204). Springer Japan.

Fletcher, S., Potts, J. S., Heeps, C., & Pike, K. (2009). Public awareness of marine environmental issues in the UK. *Marine Policy, 33*(2), 370-375.

Fortner, R. W., & Lyon, A. E. (1985). Effects of a Cousteau television special on viewer knowledge and attitudes. *The Journal of Environmental Education, 16*(3), 12-20.

Fortner, R., & Wildman, T. (1980). Marine education: Progress and promise. *Science Education, 64*(5), 717-723.

Greely, T. (2008). Ocean literacy and reasoning about ocean issues: *The influence of content, experience and morality*. University of South Florida.

Greely, T. M., & Lodge, A. (2009, December). Measuring Ocean Literacy: What teens understand about the ocean using the Survey of Ocean Literacy and Engagement (SOLE). In *AGU Fall Meeting Abstracts*.

Guest, H., Lotze, H. K., & Wallace, D. (2015). Youth and the sea: Ocean literacy in Nova Scotia, Canada. *Marine Policy*, *58*, 98-107.

Hoffman, M., & Barstow, D. (2007). Revolutionizing Earth System Science Education for the 21st Century: Report and Recommendations from a 50-State Analysis of Earth Science Education Standards. National Oceanic and Atmospheric Administration.

Kelly, G. J., & Takao, A. (2002). Epistemic levels in argument: An analysis of university oceanography students' use of evidence in writing. *Science education*, *86*(3), 314-342.

Kolb, D. A., Boyatzis, R. E., & Mainemelis, C. (2001). Experiential learning theory: Previous research and new directions. *Perspectives on thinking, learning, and cognitive styles*, *1*(8), 227-247.

Lambert, J. (2005). Students' conceptual understandings of science after participating in a high school marine science course. *Journal of Geoscience Education*, *53*(5), 531-539.

Lambert, J. (2006). High school marine science and scientific literacy: The promise of an integrated science course. *International Journal of Science Education*, *28*(6): 633-654.

Mainemelis, C., Boyatzis, R. E., & Kolb, D. A. (2002). Learning styles and adaptive flexibility: Testing experiential learning theory. *Management Learning*, *33*(1), 5-33. doi: 10.1177/1350507602331001

Ocean Literacy (2014). Ocean literacy: The essential principles of ocean science K-12. Retrieved from http://oceanliteracy.wp2.coexploration.org

Oreskes, N. (2004). The scientific consensus on climate change. *Science*, *306*(5702), 1686-1686.

Payne, D. L., & Zimmerman, T. D. (2010). Beyond terra firma: Bringing ocean and aquatic sciences to environmental and science teacher education. In *The inclusion of environmental education in science teacher education* (pp.81-94). Springer Netherlands.

Plankis, B. J., & Marrero, M. E. (2010). Recent ocean literacy research in United States public schools: Results and implications. *International Electronic Journal of Environmental Education*, *1*(1).

Schoedinger, S., Tran, L. U., & Whitley, L. (2010). From the principles to the scope and sequence: A brief history of the ocean literacy campaign. *NMEA Special Report, 3*, 3-7.

Steel, B. S., Smith, C., Opsommer, L., Curiel, S., & Warner-Steel, R. (2005). Public ocean literacy in the United States. *Ocean & Coastal Management*, *48*(2), 97-114.

Takao, A. Y., Prothero, W. A., & Kelly, G. J. (2002). Applying argumentation analysis to assess the quality of university oceanography students' scientific writing. *Journal of Geoscience Education*, *50*(1), 40-48.

The Ocean Project (2009). America, the ocean, and climate change: Key findings. Retrieved from https://theoceanproject.org/reports/#2009

Zelezny, L. C., Chua, P. P., & Aldrich, C. (2000). New ways of thinking about environmentalism: Elaborating on gender differences in environmentalism. *Journal of Social issues*, *56*(3), 443-457.

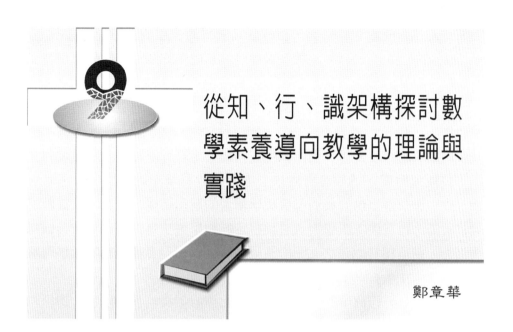

從知、行、識架構探討數學素養導向教學的理論與實踐

鄭章華

壹 前言

　　十二年國教課程綱要總綱（簡稱總綱）以三面九項核心素養作為課程發展之主軸，據以連貫國民小學（簡稱國小）、國民中學（簡稱國中）、普通型高中（簡稱普高）、技術型高中（簡稱技高）教育階段和進行跨科、跨領域的統整學習（教育部，2014）。各領域可因其領域特性轉化總綱核心素養成為領域的核心素養，引領學習表現和學習內容的建構，並適時展現在實施要點的敘寫上。這是我國自九年一貫課程實施以來的重要改變，影響層面既深且廣。

　　核心素養近年來在國內外逐漸受到重視（蔡清田、陳延興，2013），而數學教育界也開始相當重視數學素養的培養。以英國為例，該國在2013年頒布了新的數學課程，希望藉由高品質的數學教育促進學生概念性的理解，使下一代能應用數學解決常規和非常規問題、對於

數學有著正向態度和好奇心，以及欣賞數學的美和威力等（Department for Education, 2013, 2014）。數學素養已逐漸成爲許多國家數學課程發展的重點。

十二年國教數學領域課程綱要（簡稱數學領綱）的發展呼應先進國家的作法，以核心素養爲主軸，因應數學學科的特性，轉化總綱三面九項爲領域的核心素養，列出學生在完成特定教育階段時所應展現的知識、技能或態度。各教育階段核心素養的敘寫著重數學學習之垂直銜接，以引導學習重點的發展符合數學學習的邏輯結構，促進高品質數學課程所需之連貫性；讓學習者看到特定的數學想法是如何建立在其他想法之上，或是和其他想法之間的關聯，有助於學習者發展新的數學理解與技能（NCTM, 2000）。

由於本次課程改革的重點，在於轉化核心素養培養的理念於課程和教學的設計（林永豐，2017），因此，本章探討林福來、李源順、單維彰、鄭章華（2013）所提之「知」、「行」、「識」架構在數學素養導向課程的理論與實踐。首先概述數學素養的的意義和內涵，聚焦於知行識架構與數學素養導向教學設計原則的闡述，並以該架構和教學設計原則分析國家教育研究院所發展之「三視圖」素養導向教學模組，說明知行識架構和教學設計原則如何應用於素養導向教學模組的建構，提供數學教育工作者實踐素養導向教學的參考。

貳 數學素養的意義與內涵

一 PISA界定之數學素養

對於數學素養的定義，比較廣爲人知的是「經濟合作暨發展組織」（Organisation for Economic and Co-operation and Development, OECD）在「國際學生能力評量計畫」（Programme for International Student Assessment, PISA），所提出的論述。一個具備數學素養（mathematical literacy）的人，有能力（capacity）在多樣的情境中

去形成、應用與詮譯數學，這包括了數學化推理與使用數學概念、程序、事實與工具來描述、解釋與預測現象；數學素養輔助個人認知到數學在世界扮演的角色，促成建設性、積極參與以及能進行反思的公民所需之周延有據的判斷與決策（OECD, 2013, p.17）。PISA所定義之數學素養雖然清楚明確，不過卻需要經過相當的詮釋和轉化才有可能應用於課程設計和發展。

PISA評估15歲學生應用數學知識和技能於解決眞實生活的能力。從「過程」、「內容」與「情境」三個向度編製素養題目。在過程方面，細分為「形成數學情境」、「應用數學概念、事實、程序及推理」、「詮釋、應用及評鑑數學結果」三個範疇，呼應定義中的「形成、應用與詮譯數學」。每一個範疇均用到數種基本的數學能力：溝通、數學化、表徵、推理與論證、設定解決問題的策略、使用符號、形式與技術語言和運算、使用數學工具。

評量的內容包括：「數量」（quantity）、「改變與關係」、「空間與形狀」，以及「不確定性與資料分析」，對應到十二年國教數學領綱的主題分別為「數與量」、「關係」（國小階段）或「函數」（國高中階段）、「空間與形狀」、「資料與不確定性」。相較於九年一貫數學課程綱要的主題：「數與量」、「代數」、「幾何」、「統計與機率」，十二年國教數學領綱的主題類別比較接近PISA的分類。在鋪陳試題時，PISA涵蓋「個人的」、「教育的」、「職業的」、「社會的」及「科學的」情境脈絡。融入現代公民碰到的全球暖化、人口增長、環境保護或是運動常識等課題。由於PISA的影響，「功能性素養」的概念愈來愈受到許多國家的重視，不僅強調學科知識的獲得，更重視學習者在現實情境中如何習得知識和運用所學（林永豐，2017）。

二　國民數學素養

教育部爲了解接受十二年國教的學生和之前未接受十二年國教的學生在知識、社會適應與生活應用上是否有所不同，以及是哪些原因造成

實施前後表現的差異，因此於2012年成立提升國民素養辦公室，提出包括語文、數學、科學等五大國民素養，作為十二年國教實施後端檢核的機制，並據以提出相關的政策建議。

國民數學素養的研究由李國偉、黃文璋、楊德清與劉柏宏負責進行。他們在進行國內外素養相關文獻探討與專家座談之後，在PISA對於數學定義的基礎上，提出國民數學素養的定義與內涵如下（李國偉等人，2013，頁21）：

> 個人的數學能力與態度，使其在學習、生活與職業生涯的情境脈絡中面臨問題時，能辨識問題與數學的關聯，從而根據數學知識、運用數學技能，並藉由適當工具與資訊，去描述、模擬、解釋與預測各種現象，發揮數學思維方式的特長，做出理性反思與判斷，並在解決問題的歷程中，能有效與他人溝通觀點。

該定義強調問題解決、數學能力、數學態度和溝通能力的培養，注重數學與現實世界的連結，數學的學習應結合生活情境和經驗，呼應十二年國教總綱核心素養「自主行動」面向中的「身心素質與自我精進」、「系統思考與解決問題」、「規劃執行與創新應變」三項；該定義除了強調運用數學知識來解決日常生活中的問題之外，也提出工具和資訊的使用在問題解決過程中的重要性，這呼應「溝通互動」面向中的「符號運用與溝通表達」、「科技資訊與媒體素養」項目。

李國偉等人（2013）並建議在教學或教材中放進數學文化的相關素材，讓學生認知到數學在人類歷史的貢獻和重要性，並能欣賞數學的美與和諧性，呼應「溝通互動」面向中「藝術涵養與美感素養」項目。最後，他們強調數學素養對於培養能進行理性反思、做出合理判斷，並能與他人或群體有效溝通觀點的公民的重要性，以具體落實「社會參與」面向之核心素養。

三　數學領綱核心素養

　　數學領綱從「結果」與「過程」兩個向度來建構其核心素養（國家教育研究院，2016）。在「結果」面向上，選取「系統思考與解決問題」、「符號運用與溝通表達」、「科技資訊與媒體素養」、「藝術涵養與美感素養」、「多元文化與國際理解」五個核心素養項目，考量國小、國中、高中教育階段學習者的身心發展與階段數學課程目標，分別建構出15項數學核心素養，作為各階段結束時所應達成的目標。

　　以總綱的「符號運用與溝通表達」核心素養項目為例，在國中階段的具體內涵為「具備運用各類符號表情達意的素養，能以同理心與人溝通互動，並理解數理美學等基本概念，應用於日常生活中」。轉化至國中階段的數學核心素養為「具備處理代數與幾何中數學關係的能力，並用以描述情境中的現象。能在經驗範圍內，以數學語言表述平面與空間的基本關係和性質。能以基本的統計量與機率，描述生活中不確定性的程度。」在學習重點中有許多學習表現，例如：「理解平面圖形全等的意義，知道圖形經平移、旋轉、鏡射後仍保持全等，並能應用於解決幾何與日常生活的問題。」或學習內容，例如：「全等圖形：全等圖形的意義（兩個圖形經過平移、旋轉或翻轉可以完全疊合）；兩個多邊形全等則其對應邊和對應角相等（反之亦然）。」與該核心素養呼應。

　　在「過程面向」上，選取「身心素質與自我精進」、「規劃執行與創新應變」、「道德實踐與公民意識」、「人際關係與團隊合作」四項轉化成為數學核心素養。這四項核心素養沒有對應的學習表現或學習內容，而是展現在領綱的「實施要點」敘寫上。以「身心素質與自我精進」為例，轉化至數學領域普高階段的核心素養為：「能持續地探索與解決數學問題，具備數學思考能力以及精確與理性溝通時所必需的數學語言，並擁有學習力以成就優質的生涯規劃與發展。」呼應了Kilpatrick、Swafford和Findell所提之「建設性傾向」數學素養（National Research Council, 2001）。具有建設性傾向的學習者將數學視為有意義的、有用的、有價值的，相信努力學習數學會獲致成功，並且

對於自己學好數學具備信心，展現出數學情意與態度。以前項的核心素養為例，具體展現在領綱的「教學實施」為：「教師教學應以學生為主體，以其數學能力發展為考量，鼓勵學生提出多元解法並和他人溝通解題想法。」（p.52）要求教師在課室中鼓勵學生探索數學問題的多種解法；並在得出解答之後，鼓勵學生和同儕討論解答或是為自己的想法做澄清與辯護。

簡而言之，十二年國教總綱九項的核心素養，因應數學領域的課程理念和學科特性，其中五項按教育階段進行轉化，作為不同的教育階段所應達成的目標；另外四項的核心素養具體展現在實施要點的敘寫上。《十二年國民基本教育課程發展建議書》（國家教育研究院，2014）指出素養的培養需適當結合「情境學習」、「專題導向」及「生活實踐」等教學，整合相關教材；李國偉等人（2013）進一步建議數學教學內容可以做模組化設計，讓教師與學生可根據教學或學習的需求，自行增添或選擇數學內容。

從對於PISA、李國偉等人與數學領綱的核心素養討論可知，數學素養具備豐富而多樣的面向。然而，PISA與李國偉等人所提之數學素養是作為後端素養評量試題研發的依據，本意不是作為課程與教材發展使用。這兩者對於數學素養的定義不容易直接轉化成課程設計的指導。數學領綱的核心素養作為課程發展的主軸，以促成各教育階段的連貫性，在理念上宣示學習者在特定學習階段完成後應具備的知識、能力或態度，落實於素養導向教學設計同樣仍需經過一番轉化。為此，本文採林福來等人（2013）所提之數學素養培養架構作為素養導向課程與教學設計的依據。他們的架構簡單而清楚，容易轉化至教材教法的發展，有助於數學素養導向教學理念的溝通與傳播。

四　數學素養培養架構：知、行、識

在總綱接近審議通過、領綱研修啟動之前，國教院已委請各領域專家學者進行新課綱發展的前導研究，以引導接下來的領綱研修工

作。數學領域由林福來擔任研究計畫主持人，單維彰、李源順、鄭章華擔任共同主持人。林福來等人（2013）研析世界先進國家的數學課程發展和國內相關文獻（例如：李國偉等人，2013），發現國內外在發展數學課程時，不約而同著重內容與能力兩大面向；進一步分析發現，除了「知道」與「能做」之外，都還蘊涵或是區分出「認識」（understanding）、「辨識」（sensibility）、「見識」等較高層次的認知，以及包括「賞識」（appreciation）等相信數學有益、認為數學美好、努力不懈、堅持到底等情意面向。他們因此提出「知」、「行」、「識」（如圖1）作為數學素養培養之理論架構；建議「數學是一種語言」與「數學是一種規律的科學」寫入十二年國教數學領綱的基本理念中。再者，「提供所有學生有感的數學學習的機會」的理念，是十二年國教數學領綱在前導研究的建議下首次提出，為以往的數學課程標準與課程綱要的理念所無。

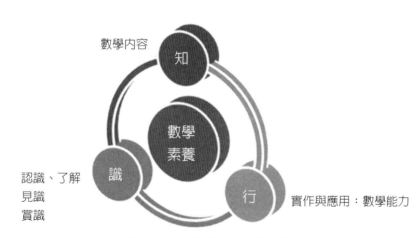

圖1　十二年國教數學素養架構圖

　　林福來等人（2013）認為數學素養的培養應兼具「知」、「行」、「識」三個面向。「知」就是「學什麼」或者「是什麼」，指的是數學內容；它包括PISA素養所強調的「改變與關係」、「空間與形狀」、「數量」、「不確定性和資料」。新課綱在數與量、空間與形狀、不

確定性和資料這三個主題和PISA的類別一致，而在小學的「關係」以及在中學的「函數」主題類別則是和PISA的「改變與關係」一致。「行」就是「做什麼」或者「怎麼用」，指的是學生所能展現出來的數學能力，包括程序執行、解題、溝通、論證等等現今數學教育著重之能力面向。「識」就是「為什麼要這樣」、「為什麼是這樣」，指的是對數學的內在認知與情意涵養，包括概念理解、連結、後設認知，以及欣賞數學的美。

單維彰和鄭章華帶領中小學數學輔導團和高中數學學科中心的教師，運用「知、行、識」的理論架構，發展小學、國中、普高、技高階段的素養導向教學模組，提供教科書出版商撰寫教科用書和中小學教師自編教材的參考，以推動和傳播十二年國教數學素養培養的理念。模組包括「學生手冊」與「教師手冊」。學生手冊類似數學教科書，提供給學生在課堂上使用。教師手冊作為教師備課與教學使用，裡面涵蓋單元目標、設計理念、課堂安排、教材架構、教學注意事項、補充說明與素養評量題目。經由分析教學模組內容和訪談研修教師的經驗，數學素養導向教材可以按照以下六項的原則進行設計（鄭章華，2017，頁14-15）：

1. 透過現實情境、寓言故事或數學史引入教材，營造數學學習需求；
2. 以任務鋪陳數學學習脈絡，引導學生進行探索與發展概念；
3. 讓學生運用相關數學知識與能力解決問題，提出合理的觀點與他人溝通；
4. 教材安排從具體到抽象，提供學生有感的學習機會；
5. 教材設計具備多重表徵；
6. 學習任務具備形成性評量的功能，以評估與促進數學學習。

此六項原則呼應「知、行、識」的數學素養培養架構。教學設計首先營造真實生活、數學史、寓言故事或是數學的情境，引領學生認識數學知識發生的脈絡或與日常生活的關係，創造學習的需求，為「知」的面向。學習任務之安排有著明確的主軸，帶領學生進行數學探索、問題解決、找出模式並與他人溝通想法或是應用所學，以建構數學概念與發

展技能，爲「行」的面向。學習任務呈現數學知識和日常生活、往後的數學學習或是專業科目之間的關聯，提供學生有感的數學學習機會；幫助學習者認識到數學除了實用性之外，也有其人文、歷史或美學的層面，爲「識」的面向。本文以國中七年級新增的數學單元「三視圖」爲例[1]，說明「知、行、識」架構和六項原則如何應用於數學素養教材的設計。

本單元設計時，由撰寫教師發想合適的情境以創造學習三視圖的需求，並鋪陳任務脈絡引導學習者逐步學習前視圖、上視圖、左（右）視圖。學習者會發現只從一個方向或二個方向是無法完整描述立體物件。藉由綜整比較前後、上下、左右視圖，可發現右視圖與左視圖的圖形一樣，只是左右對稱翻轉；前視圖與後視圖的圖形一樣，只是左右對稱翻轉；上視圖與下視圖的圖形一樣，只是上下對稱翻轉。換句話說，三視圖即可提供充分的資訊量來描述三維的物件。

三視圖教學模組撰寫完成後，經過學者專家與領綱委員審查，接著在國中課堂進行教學實驗，從學生的學習狀況與觀課教師的回饋做修正，修正後的版本經過雙向匿名審查通過後定稿，過程審慎而嚴謹。以下呈現本單元之部分內容並說明其與數學素養導向教學設計之關聯。

參 「知、行、識」架構的轉化：以三視圖爲例

空間概念以往被認爲是生而知之，沒有受到應有的重視，不過，世界先進國家近年來的數學課程多循序漸進地鋪陳空間概念，以發展視覺化認知、視覺溝通和視覺推理的能力等，這在多媒體與網路時代攸關設計、美感與視覺溝通等課題（林福來等人，2013）。十二年國教數學領

---

1 國家教育研究院所發展之數學素養導向教學模組，可在「【協力同行】認識新課綱」網站下載，網址：https://www.naer.edu.tw/files/15-1000-13644,c1587-1.php?Lang=zh-tw

綱小組在本次課程改革中根據林福來等人在前導研究的建議逐年發展空間概念，在國中小階段著重操作型的空間幾何，首次將三視圖放入數學領綱，在七年級教授。三視圖教學模組可以提供教科書出版商與教師關於操作型空間幾何的課程發展與教材教法之參考。

三視圖單元對應數學領綱之學習表現與學習內容分別為：「s-IV-16理解簡單的立體圖形及其三視圖與平面展開圖，並能計算立體圖形的表面積、側面積及體積」和「S-7-2三視圖：立體圖形的前視圖、上視圖、左（右）視圖」。領綱（草案）考量學習者空間認知能力的發展，把立體圖形限制在內嵌於3×3×3的正立方體，而且不得為中空。學習的主要目標在於發展學習者能認識立體圖形和三視圖彼此間的關係，並能判斷某一個視圖觀察的位置，認識只有一或兩個視圖無法充分表徵空間中的物體，並理解由於前後視圖、左右視圖、上下視圖在翻轉後即可重合的關係，不必用到六個視圖來呈現空間中的物件，只要三視圖即可，以及能熟練繪製一個立體圖形的三視圖。呼應「數-J-B1具備處理代數與幾何中數學關係的能力，並用以描述情境中的現象。能在經驗範圍內，以數學語言表述平面的基本關係和性質」和「數-J-B3具備辨認藝術作品中的幾何形體或數量關係的素養，並能在數學的推導中，享受數學之美」。

本單元一開始由一位老師拿一張照片到木工店（如圖2），請木工店的師傅製作一模一樣的實物為任務情境，引導學生探索三視圖的概念。

只從一個方向來觀察立體圖形，能準確地說明此立體圖形的形狀與大小嗎？

壹 立體圖形的觀察？

家駿老師拿著一張照片（如圖）到木工店裡，詢問老師傅能否幫他製作一個跟圖片中一模一樣的立體物。老師傅看著照片許久，開口問了幾個問題。

想一想，如果你是老師傅，可能問哪些問題呢？

圖2　導入任務情境

在鋪陳情境之後，導入任務要求學生觀察上圖的立體圖形，設想自己如果是老師傅的話，會提出哪些問題。學生可能會提問立體圖形的尺寸大小、材質或顏色爲何？每一個都是正方體嗎？它的背面有幾個正方體等等。任務一請學生用手邊的正方體小積木重製立體圖形，而立體圖形的背面有幾個正方體是實物製作的關鍵，讓學生藉由動手做探索三視圖的概念，體會觀察所見與實際立體圖形之差異。該任務包括了文字、圖形與實物操作之多重表徵，符合第五設計原則：「教材設計具備多重表徵」。

由於圖2只清楚呈現一個方向的視圖，沒有清楚呈現其他方向視圖，因此它不可能被正確重製。任務一引導學生發現使用13、14與15塊小積木皆可建構出圖片中的立體物。換句話說，該立體物不能被唯一地製作出來，可以有三種不同使用小積木重製的作法。在任務一之後，素養教材以澳門的大三巴牌坊爲例，帶領學生認識從單一方向觀察建築物的不足。雖然從前面看大三巴牌坊的正面很宏偉，但轉到側面觀察時只剩下一個壁面，有著相當大的落差。情境鋪陳引發學習前視圖、左（右）視圖、上視圖的需求。在二維平面中，唯有呈現三視圖才能精簡而正確地表徵一個三維空間的立體物，呼應數學素養教材的第一項設計原則：以現實情境引入教材，創造數學的學習需求。

任務二請學生觀察放在教室中間由大小相同的正方體紙盒堆積而成的立方體，如圖3所示。請學生從座位站起來從上而下觀察立方體，把看到的輪廓畫在方格紙上，然後和其他同學比較畫的圖形是否一致並進行討論。

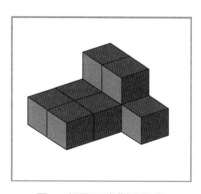

圖3　任務二之觀察物件

　　試教時，教師設定學生會出現八種不同的作法。不過，學生僅提出以下兩種畫法，如圖4所示。有兩至三位學生會考量到立體圖形的高度，使用深淺不同的顏色表示不同高度的平面。從下圖可以看出兩種畫法只要旋轉90度即可重合。

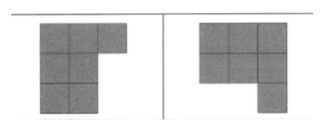

圖4　學生的作法舉例

　　此時教師和學生討論，想一想同樣的立體物為何會畫出兩種不同的圖形，引導學生思考這是由於每個人站的位置不同，雖然看到同樣的立體物，但突出之處卻不相同，這就引出溝通的必要性。觀察者若能事先溝通好前方、後方、左側、右側的方向再進行觀察，就會出現一致的答案。學生除了運用把三度空間的圖形轉換成二維圖形並繪出的數學能力之外，還要跟同儕說明是從哪個方向觀察而繪出圖形，符合素養教材設計的第三項原則：運用相關的知識或能力解決問題，並和他人溝通想法。

　　任務三的情境為兩位學生小量和小善觀察任務一的立體圖形之後，分別用13塊和15塊積木製作出立體物，請學生在下面的方格表幫助幫助小量和小善繪出立體圖形的上視圖，並和同學討論上視圖的好處。許多的學生可以繪出以下的圖形（如圖5）。

小量	小善
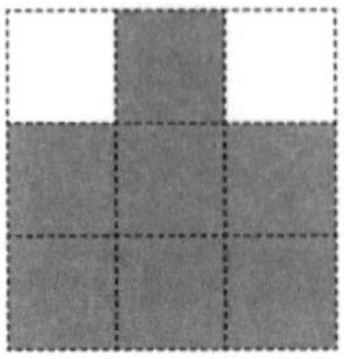	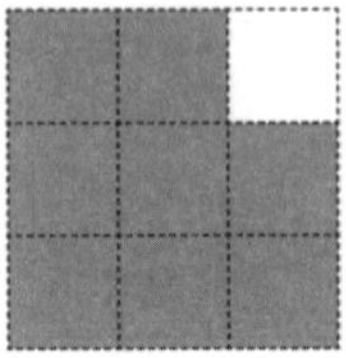

圖5　學生對於任務三的作法

　　少部分的學生會繪出圖6的圖形，經過旋轉之後，仍會和圖5重合。表示學生雖然從不同位置的上方觀察立體圖形，仍能正確繪製出圖形，表示他們理解上課的內容。

圖6　少部分學生對於任務三的作法

　　學生經過觀察之後，應該可以發現圖5裡隱藏的積木，認識到上視圖的好處。接著教材以齊柏林的「看見臺灣」的紀錄片為例，說明從高空俯瞰，只能看到建築物的輪廓，亦即上視圖。隨堂練習呈現亞洲大學裡面兩棟特色的建築：行政大樓暨圖書館（歐洲宮殿外貌）及亞洲現代美術館（安藤忠雄大師設計興建）的圖片，請學生應用學到的上視圖概念配對找出它們在Google map空拍的繪製圖和實景圖裡面的位置，進一步去感受上視圖在日常生活中的應用，這呼應第四項設計原則：教材安排從具體到抽象，提供學生有感的學習機會。

　　任務四要求學生畫出由11個相同大小的立方體組合而成之立體圖形的上視圖，如圖7所示。由於立體圖形不得為中空，學生可以因此推論出左上角隱藏了一個立方體。該任務作為形成性評量檢驗學生是否能掌握上視圖的概念。其實，從任務一到任務四可以看出三視圖素養教材的設計皆具備形成性評量的功能，符合素養導向教學設計的第六項原則。教師可以從觀察學生的作答情形，蒐集學習證據探查與評估學生的學習現況，了解學生的學習需求，從而給予學生回饋或是調整教學以促進其學習。

任務 **4**

畫出圖中由11個相同大小的立方體組合而成的立體圖形的上視圖。

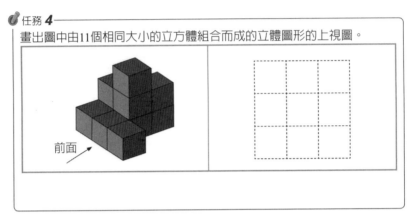

圖7　任務四

　　任務五請學生從自己座位的水平方向觀察位於教室中央桌子上，由相同大小的正方體紙盒構成的立體圖形，並且在下面的方格紙畫出看到的圖形輪廓；接著請學生們比較所繪出的圖形是否一致，並和同儕討論圖形為何會一樣或不一樣的理由（參見圖8），具體展現第三項設計原則。

任務 **5**

請跟你周圍的同學比較看看，畫得一樣還是不一樣，為什麼？與同學討論你們的的想法。

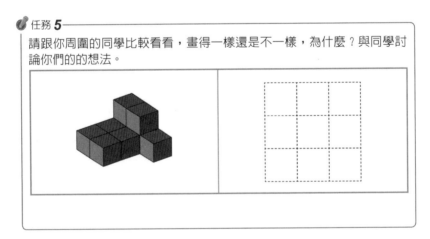

圖8　任務五

　　其實，任務五與之前的任務二呈現同一個立體圖形。和任務二不同的是，任務五請同學從自己的座位水平觀察立體圖形，並且畫出看到的

輪廓。坐在附近的學生，所繪製出的圖形應該是相同，如圖9所示。

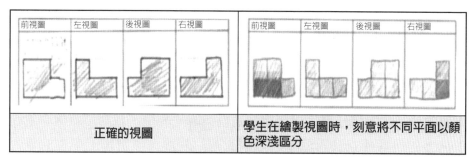

正確的視圖	學生在繪製視圖時，刻意將不同平面以顏色深淺區分

圖9　學生對於任務五的回答

　　不過，教師在試教時發現同一組坐在立體圖形的斜後方的學生，一位學生從立體圖形右方觀察與繪製，而另一位學生從立體圖形的後方觀察與繪製，產生兩個不一樣的水平視圖。不過這符合任務五原先的設定，讓學生發現與討論水平視圖會因為從立體圖形的不同側（前、後、左、右）觀察而繪製出不同的輪廓。接下來說明從不同的方向來觀察與繪製視圖會產生「前視圖」、「後視圖」、「左視圖」、「右視圖」。因此在討論水平視圖時，需注意從立體圖形的哪個方向觀察，如圖10所示，呼應第二項設計原則：「以任務鋪陳數學學習脈絡，引導學生進行探索與發展概念」。

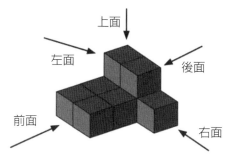

圖10　不同方向的視圖

任務六要求學生用手邊的小積木製作出下圖的立體圖形，並將該立

體圖形的「上視圖」、「前視圖」、「後視圖」、「左視圖」、「右
視圖」繪製在圖11的表格中。該任務旨在評估學生能否理解「上視
圖」、「前視圖」、「後視圖」、「左視圖」、「右視圖」等名詞,並
能正確繪製視圖。雖然現實生活中立體圖形的繪製是由左前往右後擺放
(請參見圖11所標示的前面),試教時,教師發現有些學生卻將右面
視為正前方來繪製上視圖。因此教師得和學生溝通從哪個方向觀察才是
數學的前視圖。該任務呈現文字、表格與圖片表徵。教師可藉由學生在
表格上的回答探查其對於不同方向視圖的理解,識別班上學生的學習
現況以及和學習目標之間的差距,符合多元表徵與形成性評量的設計
原則。

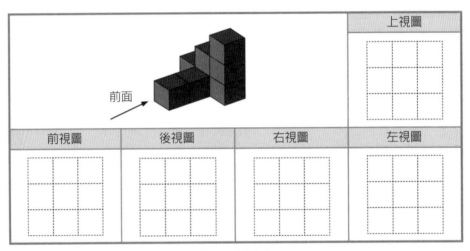

圖11　任務六

　　試教時,教師觀察到大約一半左右的學生,在沒有使用小積木製作
立體圖形的情況下,可以正確繪出視圖。愈到後面的任務,愈來愈多學
生不須藉助實物可以直接抽象化繪出視圖,僅剩兩成的學生仍須藉助實
物觀察來繪圖。部分學生在繪製視圖時,會連結到生活科技,將不同平
面以顏色深淺區分,有層次地表徵視圖,此畫法雖非數學上的三視圖作
法,在概念上仍屬正確,而且有助於從二維視圖重製成三維立體物。

任務七讓學生觀察前視圖、後視圖、左視圖、右視圖，可以發現前、後視圖經過翻轉，以及左、右視圖經過翻轉皆可重合。換句話說，在水平四個方向的觀察可以精簡為兩個方向的觀察，也就是前、後視圖只要取其一，以及左、右視圖只要取其一，就可以完整表徵立體圖形在水平方向的二維圖形。任務八則是讓學生探索下視圖。最後，任務九讓學生觀察「前視圖 」與「後視圖 」、「左視圖」與「右視圖 」、「上視圖 」與「下視圖」，歸結出右視圖與左視圖、前視圖與後視圖、上視圖與下視圖的形狀相同，僅方向相反。因此在真實生活中人們會從右視圖與左視圖、前視圖與後視圖、上視圖與下視圖中分別各挑出一個視圖來表達一個立體圖形。由於三個視圖即可清楚而精簡地表達一個立體圖形，因此稱之為「三視圖」。素養教材的任務安排從上視圖開始，逐步引導學生從動手做探索視圖的概念，從實作中有感體會為何使用三視圖即可完整地表徵一個立體圖形。

肆 結論

本文以國家教育研究院發展之三視圖素養導向教學模組為例，說明應用知行識理論架構和六項設計原則，來實踐十二年國教素養導向教學的理念。在進行教學設計時，教師首先須掌握教授單元的學習重點和核心素養，確立學習目標，接著根據學習目標安排學習任務，逐步引領學生建構相關的數學概念和發展技能。以三視圖單元為例，學生要能繪製立體圖形的三視圖，理解立體圖形和三視圖之間的關係，與判斷一個視圖的觀察位置。任務讓學生從繪製上視圖開始，探索不同視圖的概念，認識視圖在真實生活中的應用。他們必須和同學溝通所畫的視圖是從哪一個位置觀察而得，以及前視圖的「前」是從哪一個方向來看。在觀察、操作與繪製視圖時，學生可以發現到不需要用到六個方向的視圖就可以正確表徵一個立體物；同時學生也會了解到至少要用到左、右視圖的其中之一，前、後視圖的其中之一，上、下視圖的其中之一，才能正確而精簡地表示一個立體物。此時，三視圖之於物品設計重要性的

「識」自然而然地浮現出來。

素養導向教學的六項設計原則著重從情境脈絡出發，提供有感的學習機會。任務讓學生進行觀察、探索、操作與推理，逐步掌握和建構三視圖的概念，鼓勵學生提出想法並和同儕溝通想法。學生可以從完成任務中認知到為何要學三視圖，以及三視圖在日常生活中的應用。形成性評量的任務設計可促使教師關注學生的想法與學習需求，朝向「以學生為中心」的理念。這六項設計原則提供教科用書與自編教材實用的指引與檢核工具。教科用書編寫者與學校教師可以據以檢視和改進素養導向教學設計的品質，轉化核心素養於數學課室，提供所有學生有感的學習機會。讓十二年國教數學領綱的改革理念更能落實於教學現場，為學習者進行終身學習所需的數學知識、技能和態度做好準備。

參考文獻

林永豐（2017）。核心素養的課程教學轉化與設計。教育研究月刊，**275**，4-17。

林福來、單維彰、李源順、鄭章華（2013）。十二年國民基本教育領域綱要內容前導研究」整合型研究子計畫三：十二年國民基本教育數學領域綱要內容之前導研究研究報告（編號：NAER-102-06-A-1-02-03-1-12）。國家教育研究院。

李國偉、黃文璋、楊德清、劉柏宏（2013）。教育部提升國民素養實施方案—數學素養研究計畫結案報告。臺北市：教育部。

鄭章華（2017）。「知、行、識」～探究數學素養導向教學模組設計與發展。載於單維彰、鄭章華主編，十二年國教數學素養導向課程設計數學案例。新北市：國家教育研究院。

國家教育研究院（2014）。十二年國民基本教育課程發展建議書。新北市：國家教育研究院。

國家教育研究院（2016）。十二年國民基本教育課程綱要國民中小學暨普通型高級中等學校數學領域（草案）。取自http://www.naer.edu.tw/ezfiles/0/1000/attach/37/pta_10147_1655251_02807.pdf

教育部（2014）。十二年國民基本教育課程綱要總綱。臺北市：教育部。

蔡清田、陳延興（2013）。國民核心素養之課程轉化。課程與教學季刊，**16**(3)，59-78。

Department for Education (2013). *National curriculum in england: Mathematics programmes of study (statutory guidance).* Retrieved 2013.11.18, from https://www.gov.uk/government/publications/national-curriculum-in-england-mathematics-programmes-of-study

Department for Education (2014). *The national curriculum in England: Framework document.* Retrieved 2019/05/27, from https://assets.publishing.service.gov.uk/government/uploads/system/uploads/attachment_data/file/381344/Master_final_national_curriculum_28_Nov.pdf

National Council of Teachers of Mathematics (NCTM) (2000). *Principles and standards for school mathematics.* Reston: Author.

National Research Council (2001). *Adding it up: Helping children learn mathematics.* J. Kilpatrick, J. Swafford, and B. Findell (Eds.). Mathematics Learning Study Committee, Center for Education, Division of Behavioral and Social Sciences and Education. Washington, DC: National Academy Press.

OECD (2013). *PISA 2012 assessment and analytical framework: Mathematics, reading, science, problem solving and financial literacy.* Paris, France: Author.

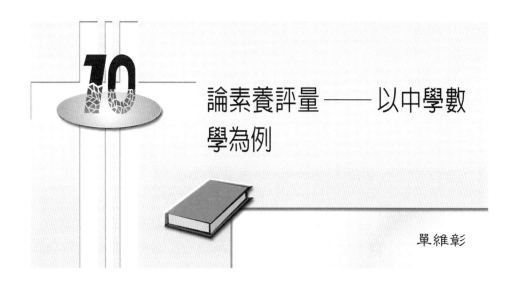

論素養評量──以中學數學為例

單維彰

以「素養」為導向的十二年國民基本教育課程綱要（108課綱）實施之後，評量工作也就隨之而來了。評量與課程、教學設計緊密相扣，而作者也多次呼籲「考試領導教學」的正面價值（例如單維彰，2009；2015）：設計得宜的評量，不無豎立榜樣的效果。作者參與108課綱數學領綱的研製工作，也是教育部中學數學學科中心「素養多元評量小組」的工作夥伴，故欲以課綱設計者的立場，結合初步的實作經驗，為「素養評量」的內涵與實施辦法，提出建言。

壹 素養評量不是一種題型

討論素養評量，讀者可能立刻聯想到PISA（國際學生能力評量計畫，Programme for International Student Assessment）。確實如此，PISA數學試題的確可以作為素養評量的典範，雖然因為它的評量對象是15歲青少年，所以對於探討高中階段之素養評量的助益有限，但PISA是一個不可迴避的典範。PISA數學試題可歸納出兩大特色：

1. 題組式命題

2. 以情境入題

所以老師們很容易將以上兩大特色當作「素養評量」的定義，而誤以為所謂素養評量就是滿足以上特色的題型。這是我們首先想要避免的觀念。

事實上，以上兩大特色是PISA運用來實踐其評量目標的兩項技術。我們固然可以沿用這些技術，但更重要的是：先釐清評量目標。從小考（平常考）、段考、期末考、複習考到全國性評量（如學測），各有各的評量目標，不見得每一題都要刻意地符合上述特色。

以下兩個小節，分別藉著PISA數學試題的前述兩大特色，討論它們值得借鑑之處。

一 題組式命題

題組的優點是比較容易分辨學生的概念與能力層次，而缺點是容易洩漏試題的用意或者限制考生的思維。所有工具都有其優點也有其限制，如果能掌握目標並且多加思考與練習，總是能儘量發揮工具的長處而避免其拙處。當評量目標希望兼顧個別概念、基本操作程序，以及它們的綜合應用，而且意欲分辨考生的能力等級時，題組是個值得考慮的工具。

附錄1試將106年數學學測（單選）第5題拆成題組，權充一個具體範例，請老師們參考指教。反對題組的學者，可能有以下三種理由。

1. **作答時間變長。**以附錄1的題組對照原題，我們猜想多數答對原題的學生，本來就會經歷第1和第2小題的程序，所以增加第1和第2小題，不至於拉長太多作答時間。至於有多少天縱英明的考生，可以跳過小題的過程而直接看出原題的答案，則是一個有待研究的命題。

2. **引導學生作答。**附錄1的題組確實企圖引導學生思考，但這是採用題組的目的，不必然被解讀為缺點。根據大考中心公布的鑑別指數表，原題有效地鑑別最高20%和其餘80%的學生；如果評

量的目的是篩選最高20%的學生，則原題是適當的試題，但題組有可能做更細緻的鑑別。至於題組的三個小題是否眞有更多的鑑別效果，還需要實證研究。

3. **小題之間並不獨立**。試題之間的獨立性，是爲了滿足某些試題分析之統計方法的理論性假設。而評量的目的，並不應該把統計的需求放在首要位置。數學概念的發展，本來就經常是一層套著一層，在某個層次斷掉，就難以接續到更高的層次。著名的Bloom教學目標模型，也是將認知領域分解成上下相依的六個層次，而不是彼此獨立的。小題彼此獨立的題組，就好比「五個獨立是非題」的多選題，而後者已經被公認爲不恰當的多選題。總之，實在沒有必要堅持題組之內各小題的「獨立性」。

以附錄1的題組爲例，若第2小題答錯，而學生依據第2小題的圖形「正確」回答第3小題，則雖然學生具備第3小題欲評測的知識，卻答錯了。對於這種遺憾的狀況，有消極和積極兩種看法。消極的看法是，反正原題也會發生「一步錯，全盤墨」的遺憾，所以題組的品質並沒有比較差。積極的作法是，第3小題的評分可以根據考生的第2小題答案而決定；即使第2小題答錯了，只要根據其錯誤答案而一致地回答了第3小題，就算正確。

經過以上討論，作者想要肯定題組的效用。在適當的評量中採用題組，可以滿足某些評量目標。但是，素養評量的題目不一定非題組不可，而題組形式的題目，也不一定就能夠評量素養。

二 以情境入題

PISA歸納的四類情境 —— 個人、職業、社會、科學 —— 是頗有幫助的指引，幫助我們整理思緒或擬定思索的方向，而且PISA公布的示範試題也帶給老師們相當具體的參照典範。可是我們最擔心的就是：因爲PISA的成功，導致大家把「情境題」和「素養評量」畫上了等號，創造出爲情境而情境的試題。虛僞的情境不但遠離了素養，更是數學的

「反」教育：它就像所謂的「人工難題」，導引學生偏離了學習數學的旨趣，並且助長了「數學虛假而無用」的錯誤觀念。

舉例而言，106年數學學測第2題就是一個虛假的情境：

某個手機程式，每次點擊螢幕上的數a後，螢幕上的數會變成a^2。當一開始時螢幕上的數b為正且連續點擊螢幕三次後，螢幕上的數接近81^3。試問實數b最接近下列哪一個選項？

試想，手機螢幕上顯示的是「數值」還是「數式」？如果是「數式」（這種程式應該很少見），題目就不必說「接近」81^3，而且既然用戶能輸入數式，最後的答案也就不必是數值；但如果是「數值」，有多少人能看得出來某數（譬如532000）「接近」81^3？再者，試用PISA的規準，此題屬於哪一類的情境？恐怕不管說哪一類都難以令人信服。所以，上述情境是虛假的，無助於評量目標，甚至是誤導的。

此題的測驗目標應該是指數律，關鍵步驟有三：1.點擊三次之後應為b^8而不是b^6；然後2.使用分數的指數律得到$b \approx 81^{3/8} = 3^{3/2}$；最後3.估計$\sqrt{27}$的數值。學測第2題是否要出三步驟的試題？這是一個值得探討的問題，但是本文不談。我們想要探討的是：撇開「情境」不談，此題的測驗目標是否符合素養評量？讓我們按照上述的解題三步驟來思考這個疑問。

1. 做三次平方，得到8次方而不是6次方，算不算素養？根據大考中心公布的選項分析，超過三分之一的低分組學生被「誘答選項」騙到了：他們選$b = 9$，顯示這些學生可能錯在這一步，而第二步卻是會的。

2. 用指數律求解$b^8 = 81^3$並化簡到$b = 3^{3/2}$算不算素養？

3. 估計$3^{3/2} \approx 5.2$算不算素養？

每位讀者對以上三個問題都各有自己的看法，這就顯示我們有溝通而達成（大致）共識的必要。上述議題按到後面再說，先請讀者思考：如果上述1.和2.都算素養，該考，那麼難道一定要把它們放在情境

裡面考嗎？或者難道因爲找不到適當的情境，就不能考嗎？這兩個看法，應該都是荒謬的。這就是爲什麼課程設計者的主張是：素養評量的題目不一定非情境不可，而情境題目也不一定就能夠評量素養。這個主張，呼應張鎮華教授（2017）的提醒：

> 紮實的數學知識，也是素養。

美國的《各州共同數學課程核心標準》（Common Core State Standards for Mathematics, CCSS-Math）的關鍵典範轉移（key shifts）恰好也呼應前述觀點（CCSS Initiative, 2016）。CCSS三大項教學典範轉移的「嚴謹」（rigor）的旨趣就是紮實的數學知識，外加典型應用。其簡短說明如下[1]：

> 嚴謹意指深刻且有效地掌握數學觀念，而非提高難度或提前進度。爲協助學生達成標準，施教者應在各年級的主要課題上，以同樣的力道追求嚴謹的三個面向：概念的理解、程序的嫺熟執行，和應用。

但是，總不會「全部」數學知識都屬於素養，所以上述主張還有細緻說明的必要，這就接續到下一節的主題。既然「素養評量」不是一種特定的題型，它是什麼呢？

---

[1] 原文是Rigor refers to deep, authentic command of mathematical concepts, not making math harder or introducing topics at earlier grades. To help students meet the standards, educators will need to pursue, with equal intensity, three aspects of rigor in the major work of each grade: conceptual understanding, procedural skills and fluency, and application.

貳 素養導向之教學成效

　　所有的學習評量，都應該肩負評判學習成效的任務。所謂「素養評量」也是學習評量，所以它還是要評判學習成效。有所不同的是，它特別要評判「素養導向之課程與教學」的學習成效。所以「素養評量」本身不是目的，也不是一種題型，而是「素養導向之課程與教學」的評量工具。

　　「素」是白色或原色的意思，引申成「平常的」。所以「素養」的字面意思可以解釋爲「平常就具備（能表現）的學養與修養」。既然強調「平常」，看起來跟九年一貫課程標舉的「帶得走的能力」是一樣的理念。其實教育的總目標並沒有劇烈的改變，發展課綱的教育界同仁將「素養」定義爲知識、能力與態度（國家教育研究院，2014），而所謂「核心素養的滾動圓輪意象」的示意圖（圖1），把「終身學習者」放

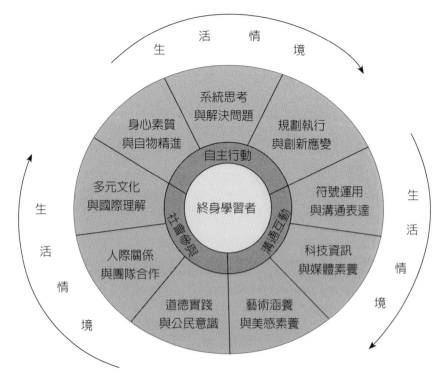

圖1　核心素養的滾動圓輪意象

在中心。於是我們可以這樣說：108課綱和九年一貫課綱在理念上的字面差異，主要是「態度」和「終身學習」兩大項。有些老師可能認爲這些話只是「作文」而不予留意，但是這些理念確實是所謂「素養課程」的基本理念，也是企圖思索「素養評量」的理論基礎，不宜完全忽略。

108數學課綱的素養課程設計理念，跟總綱的理念一致，而這一份課綱的素養導向學習內容和學習表現，總括一句話來說就是：

> 爲支持終身學習所需的數學知識、能力與態度。

數學教師同仁肯定都了解數學課程所謂的「知識」和「能力」是什麼，但是「態度」本來就有太多意義，在數學課程的語境裡更是難以捉摸。雖然「態度」很難評量，但是要彰顯「素養課程」的概念，就非要理解「態度」概念不可。本文僅簡約地詮釋：數學課程要教育的「態度」可以分兩方面詮釋：一是一種「意識」，二是特別的「數學思維方式」。意識是指教與學的過程中，隨時保持著關注「爲什麼而學」與「如何運用它解決眞實問題」的意識。數學的特長之一就是抽象，而抽象賦予數學眞正的威力，所以數學的學習不可能完全依賴物質的眞實世界；儘管如此，確知數學必與眞實世界有所關聯，並且能夠有效解決問題的意識，卻是數學教育的重要任務，這項任務可以和數學的抽象性並行不悖。至於「數學思維方式」的詮釋，按到後面再說。

素養評量不僅用在總結性評量（例如期末考和會考、學測），也用在形成性評量。108數學課綱（教育部，2018）有許多脈絡化的設計，包括老師們不太習慣的「螺旋式」設計（例如先用10的次方引進log符號，然後才學習對數概念），以及現在比較少人運用的「親手做」設計（例如先用量角器和方格紙學習極坐標，然後連結廣義角的三角比），都是針對「意識」目標的課程設計。這部分的素養課程，不容易成爲總結性評量的測驗目標，卻是形成性評量的適當目標。

以上說明想要建議教師同仁：素養評量不只是學測和指考的責任，

只要是測度「素養課程」學習成效的評量，都是所謂的素養評量。前一節末所說的「紮實的數學知識」，就是指「素養課程」中的學習內容；以適當的「態度」習得這些數學概念與操作能力，便是「素養課程」的學習成效。

前面對於108數學課綱之素養性的說明，或許還是頗為「作文」而較難掌握，但是本文無法深入詮釋課綱，也沒有篇幅深入詮釋素養。關於這兩者，還得請讀者參閱其他專門文件。但是在本節之末，提舉寫在課綱最前面的五大基本理念（如下），它們是「素養課程」更具體一些的闡述。

1. 數學是一種語言，宜由自然語言的題材導入學習
2. 數學是一種實用的規律科學，其教學宜重視跨領域的統整
3. 數學是一種人文素養，宜培養學生的文化美感
4. 數學應提供每位學生有感的學習機會
5. 數學教學應培養學生正確使用工具

「素養課程」的教材設計、教法原理及成效評量，都值得參酌以上理念，以及寫在課綱裡的闡釋。

參 素養的內容向度

前面說過PISA的評量對象是15歲青少年，因此它對高中階段的素養評量幫助有限。如果讀者早先讀到這個說法時，並無異議，表示你已經同意：素養須考慮其內容的程度差異。

先不管每個人心目中的「素養」定義為何，假如我們宣稱小學階段的所有數學課程內容都屬於素養，或許大家都同意；但是如果宣稱國中階段的數學課程內容全都屬於素養，或許有些人就會遲疑了。例如「三角形的內角和」可能在大家心目中屬於素養，但是「凸多邊形的內角和」可能就有人遲疑。再例如「比例式」可能在大家心目中屬於素養，但是「三連比」可能就有人遲疑。再舉一個極端的例子，假如我們設定十二年國教的目標，是要畢業生具備有如王國維的中文素養，林語

堂的英文素養，和陳省身的數學素養，豈不妙哉？但是大家都知道這只是說空話而已。由此可見，大家心中對於素養的內容程度是有一把尺的。

「素養」可以有各種層次，當我們用另一個名詞「國民」或「核心」加以限定，並且當作課程綱要之最高指導理念的時候，就有更明確的內容範圍了。本文的要旨之一，就是要標舉「終身學習」觀念，認為它便是取捨素養課程之內容範圍的依據：為支持終身學習之所需。

假設我們將素養課程的內容設定在「支持終身學習」的水平上，雖然還是有值得爭辯的課題，但是起碼有了一個堪稱客觀的標準。以這個標準來辯論「凸多邊形的內角和」和「三連比」是否屬於素養，雖然我不能預測辯論的結果，但是可以想像正反雙方將會提出哪些證據了。

假設（只是假設）國中數學老師決定「凸多邊形的內角和」和「三連比」不屬於「素養」內容，難道它們就該從國中數學刪除嗎？技術型高中的數學老師或許沒意見，但是普通高中的數學老師可就難以接受了。這個假設的情況彰顯一個觀念：十二年國教的數學課程不能僅針對「素養」的目的，還要肩負「學科」的責任。

所謂「學科」內容並不是「數學系」的學習內容，而是為了下一階段的學習而預備的數學知識與能力。前面說過，小學階段的數學教育目標，可能全是為了「素養」，但是國中階段就未必了，高中階段更不能僅注重「素養」而忽略「學科」任務。

假設我們接著要討論「凸多邊形的內角和」和「三連比」算不算國中階段的「學科」內容？這個議題就不能僅在國中階段的範圍內討論，而要把視野轉移到高中階段的需求（技術型或普通型）。就普通高中而言，凸多邊形是經常運用的數學物件，就算不必背誦內角和公式，但是將多邊形切割成三角形的思維方法，卻是相當基本的。例如106年學測第11題以新發現的密鋪五邊形（如右圖）入題，考生就需要具備三角形切割的基本能力。所以我猜高中數學同仁

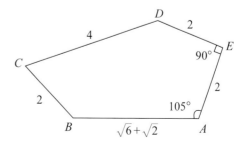

應該會贊成「凸多邊形的內角和」是國中階段該學習的數學「學科」內容。

但是高中數學用到「三連比」嗎？有些老師可能用三連比來解釋空間向量的平行（係數積），也可能用三連比的符號來歸納二元一次聯立方程式的解數量：

若 $a_1 : b_1 : c_1 = a_2 : b_2 : c_2$ 則方程組 $\begin{cases} a_1 x + b_1 y = c_1 \\ a_2 x + b_2 y = c_2 \end{cases}$ 有無窮多組解，

若 $a_1 : b_1 = a_2 : b_2$ 但是 $a_1 : b_1 : c_1 \neq a_2 : b_2 : c_2$ 則方程組無解。

不知道高中老師們還有什麼例子？如果僅有這種層次的需求，高中老師或許認為可以在需要的時候自己教，而且可能不需要國中階段「將兩組比轉化為三連比」的技術。經過這樣考慮，或許「三連比」就不算學科內容了（僅為舉例）。順帶一提，108數學課綱將「三連比」從七年級挪到了九年級。

如果（只是如果）「三連比」既不算素養內容也不算學科內容，難道是說它完全無用嗎？當然不是，不只是「三連比」，哪怕是「九連比」都可能在特定專業裡有用，例如很可能是烹飪和烘焙的必備知能。別忘了「素養」和「學科」教育的後面，還有「專業」教育。三連比乃至於九連比，可以在特定的專業課程裡學習。分析這三種層次的教育，是課綱設計者的職責，本文不再多寫。

以上舉例，讓我們站在高中立場看國中階段的數學課程，現在要將同樣的思維類比到高中階段數學課程內容的討論。普通高中並不從事「專業」教育，所以普高的數學學習內容僅有「素養」和「學科」兩種目的。總結性的「素養評量」應該是針對「素養」部分的課程內容所做的學習評量。

前面指出數學領綱的第一條理念為「數學是一種語言」，而「素養」則著眼於支持「終身學習」。融合這兩個觀念，數學的「素養」內容以「終身學習所需的語言」為判斷原則，而108數學課綱的高中階

段，大致把素養內容安排在十年級和十一年級的B類課程。領綱的內容
選擇，一定還有可商榷之處，也有許多對現實的妥協：例如虛數i、入
門的推論統計和最單純的微積分觀念，都不在素養內容之列；這些議題
值得我們持續地討論。

　　普通高中數學課程的「學科」內容，就像國中階段一樣，並不能侷
限在高中階段本身來討論，而要考量下一階段的學習。普高學生幾乎
全部成為大學生，高中數學的「學科」任務不是為了準備大學的數學專
業，而是為了準備大學泛理工商管之專業學系需要的共同數學相關課
程。就像國中數學的「學科」內容應該考量高中的需求，高中數學的
「學科」內容也該考量大學的需求。大學雖然學系紛沓，但所需的共同
數學基礎，本質上可歸納為以下四種課程：

　　　微積分、線性代數、統計、計算機原理

它們有時候會被冠以其他名稱（例如管理數學、矩陣計算、計算機概
論等），但本質上就是上述四門課的內容。108數學課綱的高中階段，
大致把學科內容安排在十一年級的A類課程，和十二年級的選修數學
甲、數學乙。形成性的「素養評量」可以涵蓋這些內容，但是總結性的
「素養評量」就不適合涉及這些「學科」內容了。

　　回顧第一節提出的疑問1.和2.，根據以上論述，作者認為「做三次
平方得到8次方」應屬國中階段的素養內容，而「求解$b^8 = 81^3$」應屬高
中階段的素養內容，因為它們分別是關於「次方」和「方程式」這兩
個數學基本詞彙的最基本語言，如果不能掌握，則嚴重影響未來的終身
學習。

肆 素養的表現向度

　　既然整個課綱都是素養導向的，而課綱以「學習內容」和「學習表
現」來陳述課程目標，「素養」也可以拆開「內容」和「表現」兩個向

度來討論。前一節論述素養該有內容的層次，但這一節卻想要指出，素養的表現並無層次。雖然在掌握內容的高度和運用之妙的功力上，人人素養不同，但是素養的表現卻全都可以用李國偉、黃文璋、楊德清、劉柏宏教授的「國民數學素養」來概括描述：

> 個人的數學能力與態度，使其在學習、生活與職業生涯的情境脈絡中面臨問題時，能辨識問題與數學的關聯，從而根據數學知識、運用數學技能，並藉由適當工具與資訊，去描述、模擬、解釋與預測各種現象，發揮數學思維方式的特長，做出理性反思與判斷，並在解決問題的歷程中，能有效與他人溝通觀點。

想要深入了解上述不算太短的「數學素養」一句話定義，應該讀李國偉教授等人的完整報告。以下，作者針對高中階段的數學內容層次，抓出幾個關鍵詞，為「素養評量」做一些不算太長的闡述。

一　個人的

合作固然重要，但素養是個人的。在學校裡，學生應該經歷各種合作學習與群策解決問題的活動，但數學素養的評量是個人的評量，不必刻意關注合作解題的能力。關於這一點，臺灣的評量向來如此，不必特別改變什麼。

二　辨識

這是數學素養的一項關鍵能力和「態度」，以前卻鮮少置入評量。教師或許要問：既然是數學考科，題目當然是數學的，哪有機會考學生「辨識」問題與數學的關聯？此言甚是，但考科之間不無互相串通的可能。例如106年國中會考〈國文〉科試題第22題，幾乎是一道數學題；詳見附錄2。這一題不見得需要數學的「辨識」能力，也不見得深獲國

文、數學老師的共同讚許,但已經開啓了一種想像,令人期待未來的發展。在這個可能性上,「辨識」的評量是可想像的。

即便是在數學考科裡,也能設計「辨識」能力的試題。例如106年數學學測的第1題,不論在內容上及在行為上,都能算是「素養」導向的試題;只可惜命題委員操之過急,使得這一題難度過高(答對率53%),雖然把它放在第1題,卻成爲鑑別前40%考生的題目。附錄3試將它改編成題組,並試著置入非選題,除了呈現素養評量的可能樣貌以外,也同時嘗試將書寫作答的題型,分散置入題組之中的命題方法。

參閱附錄3,第1小題屬於比較傳統的辨識,作者預期前80%的考生能夠選出正確答案,第2小題則較爲開放,需要「辨識」能力;因爲是書寫題,也評量了「溝通」能力。當然兩個小題都需要運用數學知識與技能,就毋須贅言了。

三 工具與資訊

在教學、學習、評量中引進「計算機」工具,是108數學課綱最關切的一項措施。作者個人甚至以這個項目的成敗,判定本屆課綱變革的成敗。在現今社會,一個不含工具與資訊能力的教育,根本沒有資格談論「素養」。

所謂工具當然不僅於計算機(calculator),課綱同仁已經在許多媒體上表明心跡:爲了讓全體學生一次到位,並顧慮大型考試的現實考量,也因爲發展適切的教材教法需要時間,本屆課綱只希望能在「計算機」上跨出第一步。不管這一步有多小,畢竟我們過去三十年都沒跨成。不論這一步有多小,總勝過裹足不前。

所謂資訊當然也不僅於維基百科和搜尋引擎。PISA已經試辦上網評量,許多公私立評量機構與研究單位,也正在積極研發「安全的」網路評量平臺。例如國家教育研究院前任院長柯華葳教授,曾經主持一個前導計畫,試圖創造一個「可搜尋、可交談」的網路評量環境。融入資訊的教學,可以盡情在課堂裡發揮,但是融入資訊的評量,目前的確非常困難。所以本文按住這個話題,不再談論。

在「計算機」融入教學方面，課綱已經在學習內容的「參考教具」中提示其用途，數學領域《課程手冊》（國家教育研究院，2019）會儘量闡述其用意，編撰教科書的同仁也已經在發展教材。

在「計算機」融入評量方面，我國的經驗甚少，需要積極向國外取經，也必須依據我國課綱內容和特殊品味，設計新的評量題目。但是，新題目固然指日可待，但最好還是能從現有的題目出發，逐步修改，拾級而上，在過程中累積命題經驗與創造力。以下建議四個修改舊題的步驟。

第一步：**容許攜帶計算機**。這是最不費力的一步，只要容許學生在大小考試使用計算機，就可以了。踏出這一步，至少讓老師注意哪些題目不必再問，而哪些題目最好換個方式問。例如：第一節提出的疑問3.，如果可以使用計算機，$3^{3/2} \approx 5.2$就僅是操作而已，是否還有評量的必要？得視評量目標而定。

第二步：**回答估計量值**。數學處理「數」，但真實世界需要的經常是「量」，簡單的說，「量」就是「附加單位的數」。這個步驟就是在舊應用問題的最後，要學生在指定單位與指定精度下，寫出答案的估計值。此步驟幾乎不影響題目也不影響解題過程，只是在最後藉由作答的過程，提醒學生此題的現實意義而已。例如：一個應用問題的答案如果是$\sqrt{72}$，單位是公尺，以前可能要求學生寫「$6\sqrt{2}$公尺」，但比較符合情境的答案或許是「8.5公尺」或甚至是「八公尺半」。

第三步：**採用擬真數據**。以前，高中教師設計關於三角測量的題目時，總要精心規劃特殊角給學生作答。特殊角是教學過程中方便舉例的權宜之計，但是接近真實情境的問題，不一定總能使用特殊角。引進計算機之後，試題可以更留意情境的真實性與合理性（符合常識），而不必受到特殊角的拘束。

第四步：**發揮新增物件**。108數學領綱因應計算機的融入而新增了少許物件，例如三角比的反查（不是反三角函數），還有角度的十進制與六十進制轉換（度分秒）。這些新物件都不是學習的「主題」，而是讓計算機搭配慣有課程，做一點點擴充，以提高數學課程與真實世界連

結的可能性。

舉例而言，運用數學知識，我們以前就能計算某角的正弦、餘弦或正切。但是，真實情境可能想要估計那個角究竟有多大（或多小）。以前我們只能算到某角的三角比，然後就在那裡停止。此後，我們可以用計算機從三角比反查角的大小。

借用106年學測第4題的正立方體（如右圖），以ABC平面為參考水平面，若問從B點望向D點的仰角，則屬於國中階段內容的素養，即便准許使用計算機，可能大部分學生不用它也能回答。但是，若問從A點望向D點的仰角，恐怕就得藉助於計算機

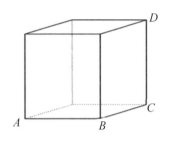

了。高中數學本來就有許多三角測量或空間向量的題目，需算出夾角的三角比；這些題目僅需很小的增修，就能融入反查三角比。

有些情境問題的夾角非常小，例如天文學中的「秒差」，以度為單位的量值並不適用，應該轉用「秒」為單位，例如0.0007°大約是2.5秒。這個步驟是計算機的一個簡單應用，而且僅是數學題目的一個小小延伸而已。

以上四個步驟是老師們可以將舊題目改編成容納計算工具之新題目的簡單作法。從這些簡單的改變開始，創新的題目可望如潮水般湧現。

四　描述、模擬、解釋與預測

這四個動詞，可謂數學教育「無法承受的輕」。數學是如此的美好與實用，其威力與影響是如此之廣袤而深邃，但是因為在學習過程中，這四個動詞都被剝奪了它們的舞臺，導致許多人心目中的數學，完全是偏見與誤解。以下可能作者個人的偏見：我國過去的數學評量試題，完全沒有為這四個動詞設計題目的意識。所以，現在我們要一起為這四個動詞建立「問題意識」，其實這就是素養所謂「態度」的意

思。除了自己思考以外，多參加志同道合的討論社群，多參考國外的考題，應該都有幫助。

附錄3題組的第2小題，透過書寫，或許搭上了「描述」與「解釋」的邊。再看106年學測第4題（原題在附錄4），「描述」兩質點距離特色的方式之一，是「對稱於0.5秒的距離」。而「解釋」此對稱性的一種方式，是說明把立方體旋轉，使得D、C兩頂點與A、B兩頂點的位置互換，就可以看出例如0.1秒的距離和0.9秒的距離相等。

進一步的數學描述，譬如令$f(t)$表示時刻為t的兩質點距離，如何以函數符號表述「f對稱於$t = 0.5$」？另一個需要「解釋」的例子是，f在立方體之內的定義域是$0 \le t \le 1$，如果推廣t到所有實數，則$f(t)$的意義為何？順著這個脈絡，要學生「預測」當t很小或很大的時候，$f(t)$是否仍然對稱於$t = 0.5$？而當t愈來愈大，$f(t)$是會單調地愈來愈大、會大小震盪，還是會愈來愈接近某個定數？最後，「解釋」$f(0.5)$發生最小值的方式之一，是$f(t)$對稱於$t = 0.5$且$f(t)$在$t \ge 0.5$嚴格遞增。

五　數學思維方式

籠統地說，數學思維方式的特長就在於數學模型的建立。數學模型可大可小，在高中階段因為缺乏微積分技能，也沒有足夠的程式寫作技能，所以很難想像大型數學模型的可能性。至於小型的數學模型就是「公式」；我們雖然不主張學生「背公式」，但是說實話，數學真正的威力不就在於「公式」嗎？公式本身沒有錯，需留意的是我們教公式和考公式的「態度」。附錄3第1小題其實已經給了「全校師生玩過寶可夢比率」的公式，但那其實僅是原始數據的直接運用，而第2小題進一步運用間接數據追求「最簡公式」，雖然不是直接地評量數學思維方式，也算是體現了數學思維方式的特長。

數學思維方式的另一項特長是使用符號輔助思考；選對了符號，可以簡化思考的程序，還能增進思考的系統性。這件事說來簡單，但是它的深處潛藏著數學的成熟度，甚至可謂數學的品味與美感，是相當高

層次的思維。譬如附錄3的改題，用大寫和小寫的字母*A*和*a*分別表示學生的總人數和玩過寶可夢的人數，相信是許多數學同仁會不約而同採用的符號系統，但是卻未必是高中生能表現的能力。數學教學與解題過程中，我們不斷地示範這種思維方式的特長，卻可能少了「臨門一腳」，沒讓學生意識到：符號的設計與運用，是數學課要學習的重點之一。106年學測第7題，是一道無所謂公式而很需要善用符號做有系統之思考的問題，題幹如下：

> 小明想要安排從星期一到星期五共五天的午餐計畫。他的餐點共有四種選擇：牛肉麵、大滷麵、咖哩飯及排骨飯。小明想要依據下列兩原則來安排他的午餐：
>
> （甲）每天只選一種餐點但這五天中每一種餐點至少各點一次
>
> （乙）連續兩天的餐點不能重複且不連續兩天吃麵食
>
> 根據上述原則，小明這五天共有幾種不同的午餐計畫？

這一題不到三成的答對率，僅有最頂端的10%考生能處理此題，顯見這方面素養的難度，也提醒我們更需要正視「數學思維方式」在教學過程與教育目標上的重要性。

上述所有考量，都難以透過選擇、填充題型來評量，因為它們本質上都需要「數學溝通」，那也就是我要指出的最後一個關鍵詞了。

六 溝通

如果要將數學素養的行為表現總括一個詞來講，本文認為最重要、最核心的，就是「溝通」。國內已經注意到培育這項能力的重要性，而選擇、填充題型實在難以評量此項，我們樂見國內大型考試逐漸「恢復」非選題。但是，非選題的閱卷成本（包含其公平性與可信度）也是必須考量的，行之多年的指考非選題配分方法，值得沿用；但指考的非選題數量太少，因此涵蓋的概念太少，配分又太重，不利素養評量的普

遍性推展。因此PISA的題組式「簡答」題型，也是值得我們琢磨的命題方法。附錄3第2小題便是一個盼能拋磚引玉的初級嘗試。

伍 結語

　　本文是根據民國106年5月17日至6月7日之間，作者在建國中學與劉柏宏教授、數學學科中心「素養多元評量小組」共同研習思考的結果，以及後來陸續在心測中心討論國中數學會考的發言（包括張鎮華教授的發言），綜合而成。此文原先以通訊的方式，發表於高中數學學科中心的電子報，假想的讀者是國、高中數學教師，但是也幸運地獲得學術領域同仁的關注。

參考文獻

張鎮華（2017）。數學學科知識也是數學素養。高中數學學科中心電子報，**123**，1-8。

教育部（2018）。十二年國民基本教育國民中小學暨普通型高級中等學校數學領域課程綱要。臺北市：教育部。

國家教育研究院（2014）。十二年國民基本教育課程發展指引。新北市：國家教育研究院。

國家教育研究院（2019）。十二年國民基本教育課程綱要國民中小學暨普通型高級中等學校數學領域課程手冊。新北市：國家教育研究院。

單維彰（2009）。考試領導教學了嗎。科學月刊，**471**，15-16。

單維彰（2015）。數學教育面臨的大議題。數理人文，**3**，16-17。

CCSS Initiative (2016). Key Shifts in Mathematics. www.corestandards.org/other-resources/key-shifts-in-mathematics/

附錄1

106年數學學測第5題。

‧原題

下圖是某城市在2016年的各月最低溫（橫軸 x）與最高溫（縱軸 y）的散布圖。今以溫差（最高溫減最低溫）爲橫軸且最高溫爲縱軸重新繪製一散布圖。試依此選出正確的選項。

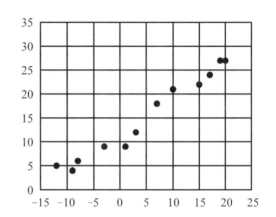

(4) 最高溫與溫差爲負相關，且它們的相關性比最高溫與最低溫的相關性弱。

‧題組

圖A〔圖略〕是某城市在2016年的各月最低溫（橫軸 x）與最高溫（縱軸 y）的散布圖。試據以回答以下問題。

1. 以下何者是圖一最下方三個點的數據？〔選項略，各選項的數值皆爲整數，評量目標是從散布圖讀出數據。〕

2. 若以溫差（最高溫減最低溫）爲橫軸且最高溫爲縱軸繪製另一散布圖，稱作圖B，則以下何者是圖B？〔圖略，畫五幅散布圖讓學生選，其中兩幅在 y 軸的分布與圖A不同，另三幅則相同，而且刻意不讓前三個資料點就能決定答案。評量目標是讀出數據之後重新製圖。〕

3. 試依據圖A和圖B，選出正確的選項。〔選項略，就是原題的選項，評量目標是根據散布圖判斷相關性，並比較兩幅散布圖的相關性相對強弱。〕

附錄2

106年國中國文會考第22題。

周老師在黑板上寫道:「天下沒有一個人從不羨慕別人,只有少數人從沒被別人羨慕過。」她請學生以圖表來表示這句話,下列哪一張圖表最恰當?

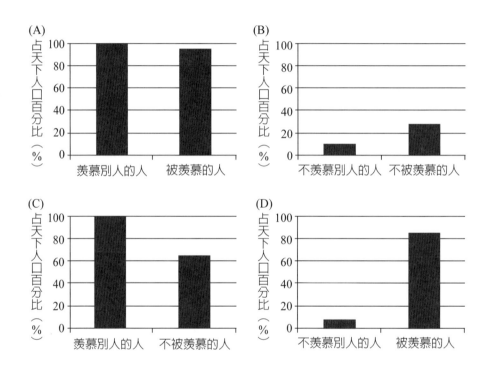

附錄3

106年數學學測第1題。

·原題

已知某校老師玩過「寶可夢」的比率為r_1,而學生玩過的比率為r_2,其中$r_1 \neq r_2$,由下列選項中的資訊,請選出可以判定全校師生玩過「寶可

夢」的比率之選項。

(1)全校老師與學生比率　　(2)全校老師人數　　(3)全校學生人數

(4)全校師生人數　　　　　　(5)全校師生玩過「寶可夢」人數

‧題組

已知某校有學生A人，其中a人玩過「寶可夢」，有老師B人，其中b人玩過「寶可夢」。試回答以下問題。

1.以下何者為全校師生玩過「寶可夢」的比率？

(1) $\dfrac{a}{A}+\dfrac{b}{B}$　(2) $\dfrac{a+b}{A+B}$　(3) $\dfrac{a+b}{AB}$　(4) $\dfrac{ab}{A+B}$　(5) $\dfrac{ab}{AB}$

2.令 $r_1=\dfrac{a}{A}$ 為全校學生玩過「寶可夢」的比率，而r_2為全校老師玩過的比率，其中$r_1 \neq r_2$，$r=\dfrac{A}{B}$為該校之「生師比」。試從A、B、r、r_1、r_2之中挑出最少的資訊（兩個、三個或四個數），做出一條全校師生玩過「寶可夢」的比率公式，並解釋公式的正確性。

附錄4

106年數學學測第4題。

在右下圖的正立方體上有兩質點分別自頂點A、C同時出發，各自以等速直線運動，分別向頂點B、D前進，且在1秒後分別同時到達B、D。請選出這段時間兩質點距離關係的正確選項。

(1)兩質點的距離固定不變

(2)兩質點的距離愈來愈小

(3)兩質點的距離愈來愈大

(4)在$\dfrac{1}{2}$秒時兩質點的距離最小

(5)在$\dfrac{1}{2}$秒時兩質點的距離最大

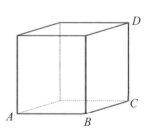

國家圖書館出版品預行編目資料

邁向素養導向的課程教學改革／林永豐等合
著. -- 初版. -- 臺北市：五南，2019.08
　　面；　　公分.
　ISBN 978-957-763-535-8（平裝）

1.課程改革 2.中小學教育 3.文集

523.307　　　　　　　　　108012017

4661

邁向素養導向的課程教學改革

策　　　劃 — 中華民國課程與教學學會(448.1)

主　　　編 — 林永豐

作　　　者 — 林永豐　黃嘉雄　林佩璇　李俊湖　陳聖謨
　　　　　　　楊智穎　黃碧智　林秀玲　李雅婷　張景媛
　　　　　　　林佳慧　何縕琪　洪如玉　張正杰　王嘉陵
　　　　　　　鄭章華　單維彰

發 行 人 — 楊榮川

總 經 理 — 楊士清

總 編 輯 — 楊秀麗

副總編輯 — 黃文瓊

責任編輯 — 郭雲周　李敏華

封面設計 — 姚孝慈

出 版 者 — 五南圖書出版股份有限公司

地　　　址：106台北市大安區和平東路二段339號4樓

電　　　話：(02)2705-5066　　傳　　真：(02)2706-6100

網　　　址：http://www.wunan.com.tw

電子郵件：wunan@wunan.com.tw

劃撥帳號：01068953

戶　　　名：五南圖書出版股份有限公司

法律顧問　林勝安律師事務所　林勝安律師

出版日期　2019年8月初版一刷

定　　　價　新臺幣400元